# Plan de alimentación Keto

Incluye 2 Manuscritos

El plan de comidas de la dieta vegetariana de Keto + Libro de cocina de Keto Vegetariano Súper Fácil

Descubre los secretos de un increíble estilo de vida cetogénico con bajo contenido de carbohidratos

Por: Amy Moore

© Copyright 2020 - Todos los derechos reservados.

El contenido de este libro no puede ser reproducido, duplicado o transmitido sin el permiso escrito directo del autor o del editor.

Bajo ninguna circunstancia se podrá culpar o responsabilizar legalmente al editor, o al autor, por cualquier daño, reparación o pérdida monetaria debida a la información contenida en este libro, ya sea directa o indirectamente.

Aviso Legal:

Este libro está protegido por derechos de autor. Es sólo para uso personal. No se puede enmendar, distribuir, vender, usar, citar o parafrasear ninguna parte, o el contenido de este libro, sin el consentimiento del autor o editor.

Aviso de exención de responsabilidad:

Tenga en cuenta que la información contenida en este documento es sólo para fines educativos y de entretenimiento. Se han realizado todos los esfuerzos para presentar información precisa, actualizada, fiable y completa. No se declaran ni se implican garantías de ningún tipo. Los lectores reconocen que el autor no está involucrado en la prestación de asesoramiento legal, financiero, médico o profesional. El contenido de este libro ha sido derivado de varias fuentes. Por favor, consulte a un profesional con licencia antes de intentar cualquier técnica descrita en este libro.

Al leer este documento, el lector acepta que bajo ninguna circunstancia el autor es responsable de las pérdidas, directas o indirectas, que se produzcan como resultado del uso de la información contenida en este documento, incluyendo, pero sin limitarse a, errores, omisiones o inexactitudes.

# LIBRO DE COCINA KETO VEGETARIANO SÚPER FÁCIL

*La manera comprobada de perder peso de manera saludable con la dieta cetogénica, incluso si eres un total principiante*

*Por: Amy Moore*

# Tabla de Contenido

Introducción .................................................... 6
Capítulo 1: Keto es el nuevo héroe ........................... 8
  ¿Qué es una dieta Keto? ................................... 9
  ¿Por qué elegir una dieta Keto? ......................... 13
  Todos los maravillosos beneficios de la dieta Keto ................................................................ 16
  El Resultado Final ......................................... 19
Capítulo 2: Qué comer y qué no comer .................. 20
  Alimentos que puedes disfrutar con la dieta Keto ................................................................ 23
  Todas las cosas que no se pueden incluir ........... 31
Capítulo 3: Deliciosas recetas para el desayuno ..... 35
  Panqueques Keto de queso crema suave ............ 36
  Latte con especias Keto ................................... 38
  Batido de aguacate suave y col rizada ................ 40
  Batido de Proteína de Manteca de Almendra ...... 41
  Batido de arándanos y remolacha ...................... 42
  Magdalenas de Almendra con Mantequilla ......... 43
  Tortilla Clásica, ¡Estilo Keto! ............................ 45
  Panqueques de proteína con un toque de canela ............................................................. 47
  Batido verde desintoxicante .............................. 49
  Muffins de huevo con tomate y mozzarella ........ 50
  Waffle crujiente de Chai ................................... 52
  Batido de proteínas con chocolate cremoso ....... 54
  Smoothie Combo de Vainilla y Chai .................. 55
  Panqueques de proteínas con chocolate ............. 56
  Huevos revueltos con espinacas y parmesano .... 58
  Waffle de canela .............................................. 60
  Waffles de calabaza con especias ....................... 62

Té Keto ........................................................... 64
Avena de Canela y Especias Keto ....................... 65
Desayuno Fiesta Mexicana Keto ........................ 67
Desayuno Shufflin' Soufflé ................................. 68
Hash Browns de Coliflor..................................... 70
Capítulo 4: Comidas deliciosas ............................... 72
Ensalada vegetariana de tacos con aderezo de aguacate y limón ....................................................73
Ensalada de huevo con lechuga...........................75
Sopa de huevo ...................................................... 76
Ensalada de primavera coronada con parmesano........................................................... 78
Sopa de espinacas y coliflor................................80
Ensalada de espinacas y aguacate con almendras............................................................ 82
Ensalada picada rápida (cuando no puedes esperar) ............................................................... 83
Sándwich de aguacate, lechuga y tomate............ 84
Cazuela de alcachofas y espinacas...................... 86
¡Sacudiendo a Shakshuka!................................... 88
Buñuelos de queso y brócoli ............................... 90
Calabacines rellenos con Marinara ..................... 92
Bistec de coliflor................................................... 94
Ensalada de col cremosa de lima......................... 96
Hummus de coliflor ............................................. 97
Wrap Griego......................................................... 99
Sopa de calabacín y Gota de huevo ................... 101
Curry Rojo Vegetariano ..................................... 104
Capítulo 5: La bondad de una cena deliciosa ....... 106
Champiñones al Horno al Estilo Italiano...........107
Espinaca Ricotta al horno.................................. 109
Pizza de clara de huevo.......................................111

Hongos Asados con Feta, Hierbas y Pimiento
Rojo .................................................................113
Hachís de berenjena, al estilo marroquí............115
Falafel con salsa de tahini .................................117
Quiche de espárragos ........................................119
Pasta Mediterránea ...........................................121
Risotto con queso ............................................. 123
Capítulo 6: Bocadillos y postres deliciosos .......... 125
Coliflor con salsa de tzatziki.............................. 126
Nueces de macadamia tostadas al curry........... 127
Pudín de chía y coco ......................................... 128
Brownies de Mantequilla de Almendra con
Chocolate ......................................................... 129
Pan de Canela ....................................................131
Galletas de merengue de limón......................... 133
Macarrones de coco........................................... 135
Helado de Vainilla con Coco ............................. 137
Galletas de jengibre........................................... 138
Capítulo 7: El plan de comidas de 28 días............140
Semana 1............................................................141
Semana 2 .......................................................... 143
Semana 3........................................................... 145
Semana 4 .......................................................... 147
Conclusión ........................................................150

# Introducción

Ahora tienes en tus manos un compendio de conocimientos sobre cómo comenzar con una dieta cetogénica o cetosis (keto).

Con este libro, has dado el primer paso hacia la creación de una versión tuya más saludable y activa, y todo comienza con una dieta baja en grasas, baja en carbohidratos y alta en proteínas. Pero primero, un poco sobre la comida. Sí, esta parte es importante, así que prepárate.

Los alimentos son una fuente de combustible. Nuestro cuerpo depende de los alimentos (y el agua) para obtener todos los nutrientes y la nutrición que necesitamos para mantenernos funcionando normalmente. Al igual que el combustible, debemos asegurarnos de que estamos utilizando buenos alimentos para hacer que los motores de nuestro cuerpo funcionen sin problemas.

Al mismo tiempo, los alimentos pueden ser algo más que una simple fuente de nutrientes. Hay tanta alegría en tener una comida deliciosa que esté llena sabor y carácter. Se tiene una sensación de alegría cuando se disfruta de un delicioso postre o de un entrante que hace sonreír. No es de extrañar que muchas personas de todo el mundo exploren este planeta únicamente para probar los diferentes alimentos que pueden encontrar. Los llamados "viajeros gastronómicos" viven para descubrir qué sabores se pueden encontrar en países y lugares de todo el mundo. Nos dan una idea de todos los deliciosos platos que se sirven.

Por eso, cuando pensamos en los alimentos mundanos, a menudo pensamos en hierbas exóticas, carne (todo tipo de carne) y especias.

Nunca pensamos en emparejar el keto con algo exótico o sabroso. Keto es un poco soso. Keto es para la gente que no disfruta de la comida.

Mucha gente cree que una dieta keto es aburrida, que no hay sabores con los que experimentar, y que típicamente son vegetales hervidos mezclados con una pequeña porción de sal.

Bueno, están equivocados. La idea de keto es no sacrificar el sabor. De hecho, lo que estás haciendo es simplemente eliminar los ingredientes que no son buenos para ti y añadir más de las cosas saludables. Eso no implica automáticamente que la comida sea sosa y poco interesante. La realidad está muy lejos de esta suposición que la gente hace de Keto.

Así que, vamos a hacer un viaje. Vamos a ser los viajeros gastronómicos keto, y nuestra búsqueda es disfrutar de todo el proceso de keto con una comida deliciosa, sana y alegre.

Bienvenidos al libro de cocina Keto Vegetariano Súper Fácil. Vamos a empezar.

# Capítulo 1: Keto es el nuevo héroe

La dieta keto ha existido durante mucho tiempo. Sin embargo, sólo recientemente ha ido ganando popularidad. Una de las principales razones es el hecho de que no se trata de algo que recomiendan los especialistas de la salud y los nutricionistas, sino de una dieta que incluso los propios médicos han adoptado. ¿No me crees? ¿Por qué no visitar la página YouTube del Doctor Mike, dirigida por el Dr. Mikhail "Mike" Varshavski, que tenía más de 4 millones de seguidores al momento de escribir este libro?

¡Él ha estado hablando de la dieta keto durante años e incluso la ha probado él mismo!

Antes de que pienses: "Oye, ¿qué estafa me están vendiendo esta vez?", déjame asegurarte que esto no es un timo o una estafa. La dieta keto funciona, y ha mostrado algunos resultados increíbles en las personas que la han adoptado.

Pero aún no hemos respondido a la pregunta importante.

# ¿Qué es una dieta Keto?

La idea fundamental detrás de la dieta es activar los propios mecanismos de quema de grasa del cuerpo. Esto se hace como una fuente de combustible que el cuerpo puede utilizar para la energía durante todo el día. ¡Esto significa que la grasa que consumes, así como la grasa almacenada en tu cuerpo, son todas fuentes de combustible que tu cuerpo puede aprovechar!

Todo el proceso de la dieta keto está relacionado con la cetosis. Eso suena como otro término elegante, así que, ¿qué es?

Esencialmente, la cetosis es un estado del cuerpo. Es cuando el cuerpo produce moléculas llamadas cetonas que son creadas por el hígado. Las cetonas son creadas por el cuerpo para actuar como fuente de energía para las células y los órganos, y pueden reemplazar la glucosa como fuente de combustible.

Nuestra dieta tradicional consiste en carbohidratos y, por supuesto, azúcar. Ambas sustancias producen la glucosa que el cuerpo necesita. Sin embargo, nuestro cuerpo comienza a depender mucho de ellos. Piensa en ello como si el cuerpo se volviera adicto.

¿Cómo puede pasar eso?

Cuando el cuerpo necesita usar la glucosa, necesita la ayuda de la insulina, que es un tipo de hormona en nuestro cuerpo. Esta hormona actúa como un mensajero y envía información a las células para que se abran y permitan que la glucosa fluya hacia ellas. Las células a su vez envían la glucosa a las mitocondrias, que son los generadores de energía en nuestras células.

Cuanto más azúcar y carbohidratos consumimos, más glucosa tenemos en nuestras células. ¿No significa eso que nuestro cuerpo tiene más energía? ¿No implica eso que podríamos correr 2 millas sin sudar?

El cuerpo es un poco más complicado que eso.

Cuando la cantidad de contenido de azúcar en la sangre aumenta, también lo hacen los niveles de insulina (para asegurar que todo el contenido de azúcar en la sangre se consuma). Cuando las funciones metabólicas en el cuerpo son normales, entonces las células aceptan fácilmente la insulina producida por el cuerpo (estas hormonas se producen en el páncreas).

Sin embargo, las funciones metabólicas no siempre permanecen normales. Con el tiempo, las células se vuelven resistentes a la insulina debido a la cantidad que existe en la sangre y a la frecuencia con que se produce. El páncreas entra en modo de pánico. Necesitan asegurarse de que se consuma el azúcar en su sangre. Pero, ¿qué puede hacer?

Produce aún más insulina para normalizar los niveles de azúcar en sangre.

Intentemos y veamos si podemos entender lo anterior

usando una analogía.

Digamos que eres dueño de un restaurante. Todos los clientes que visitan tu restaurante son células, y el plato favorito del menú es la glucosa. ¡Qué suerte tienes! Tienes un montón de cosas. Sin embargo, necesitas algo para servir toda la glucosa a tus clientes. Afortunadamente, tienes a tu confiable personal de insulina para hacer el trabajo. Eventualmente, te das cuenta de que estás recibiendo demasiados pedidos de glucosa y que no puedes servir a los clientes. Así que decides traer más insulina para que trabaje para ti desde la oficina central, también llamada el páncreas. Eventualmente, te das cuenta de que has utilizado a todo su personal de insulina. Tu páncreas no tiene más gente para tu restaurante. Entonces, ¿qué haces? Subcontratas la insulina de otro lugar.

Esto es esencialmente lo que también sucede en tu cuerpo. Tu páncreas eventualmente se queda sin insulina, lo cual puede causar diabetes tipo 2. ¿Recuerdas la parte de subcontratar insulina para tu restaurante? Bueno, eso le pasa a tu cuerpo. La única diferencia es que estás externalizando la insulina en tu cuerpo en forma de inyecciones de insulina o medicamentos.

Permíteme dejar algo claro: la insulina y la glucosa no son enemigos de nuestro cuerpo. De hecho, ¿sabes cuál es la principal fuente de energía para tu cerebro? ¡Es la glucosa, por supuesto! En pocas palabras, no debes cortar la glucosa de tu cuerpo.

El problema radica en nuestro consumo de glucosa. En el mundo de hoy, tenemos muchas opciones cuando se trata de alimentos ricos en grasas, azúcar y carbohidratos. La idea de que más es mejor prevalece en nuestra sociedad. Muchos puntos de venta de comida y restaurantes se centran en añadir tanto como sea posible en sus platos, desde patatas fritas con queso extra y Doritos, hasta ese postre de galletas de churros de helado con salsa de chocolate y dos capas de waffles extra dulces.

A donde quiera que vayas, encontrarás esperándote grasa, azúcar y carbohidratos. Aunque sus ofertas son siempre tentadoras, vamos a resistirnos a su influencia.

# ¿Por qué elegir una dieta Keto?

Hay muchas razones por las que uno elige una dieta keto. Para muchos, es el cambio en el estilo de vida. Quieren cambiar de una dieta que no les da el combustible adecuado. Para otros, quieren una dieta que complemente sus rutinas de entrenamiento o de ejercicio. Mientras que muchos otros quieren una dieta que les ayude a perder peso.

Todos estos objetivos se pueden lograr a través de una dieta keto.

Demos un paso atrás en la historia. Durante el tiempo de nuestros antepasados, cuando eran cazadores-recolectores, la agricultura no era tan popular, y la comida que consumían dependía de lo que recogían o mataban.

Esto llevó a un escenario particular en el que podría no haber comida durante días a la vez. El cuerpo tenía que encontrar formas de mantener vivo a su huésped humano. Así que cuando la glucosa entraba en el cuerpo, la insulina era trasladada a los órganos, así como para guardar la glucosa no utilizada en las células grasas para su uso futuro.

Esto ayudó a nuestros ancestros a entrar automáticamente en un estado de cetosis; sin embargo, nuestros ancestros nunca lo supieron. Sus cuerpos usarían las grasas almacenadas como energía. El resultado, nuestros antepasados tenían cuerpos más delgados y sanos desde que evolucionamos para consumir estas grasas adecuadamente en el cuerpo.

Adelantándonos a los tiempos actuales. No faltan restaurantes, puestos de venta callejera y cadenas de comida rápida para tentarte a comprar algo. De hecho, la conveniencia es parte de la vida hasta tal punto que podemos obtener la mayor parte de lo que queremos con sólo tocar unos pocos botones.

En lugar de dar a nuestro cuerpo las grasas necesarias, las estamos bombeando con más carbohidratos.

Espera, ¿acabas de leer el hecho de que tenemos que darle más grasas a nuestro cuerpo? ¿No es el objetivo de Keto reducir el peso?

Antes de que empieces a preguntarte si keto es realmente efectivo o no, déjame explicarte.

Hay muchos conceptos erróneos sobre las grasas. Con la forma en que la gente alrededor del mundo trata el concepto de grasas, es como si cualquier grasa fuera dañina para nuestro cuerpo.

La realidad es que necesitamos una cierta cantidad de grasas. De hecho, necesitamos las grasas buenas. Un buen grupo de grasas son las grasas monoinsaturadas. Puedes encontrarlas en tu cuerpo en estado líquido cuando tu cuerpo está a temperatura ambiente. Sin embargo, pueden volverse más sólidas cuando estás en temperaturas más frías. Actualmente, no vas a encontrar a ningún profesional médico que tenga algo negativo que decir sobre las grasas monoinsaturadas. De hecho, se consideran buenas para el corazón.

Ahora, ¿de dónde sacamos esta buena grasa?

Podemos comer alimentos como aguacates, aceite de oliva, muchos tipos de nueces y una gran cantidad de otros ingredientes que utilizaremos en los platos que preparamos.

Pero la grasa buena no es lo único que vamos a consumir. Además de las grasas, también vamos a asegurarnos de recibir la cantidad adecuada de proteínas.

# Todos los maravillosos beneficios de la dieta Keto

Aparte de la prevención de la diabetes tipo 2, el keto tiene más beneficios de lo que se pensaba originalmente. Veamos algunos de ellos.

### *Ayuda en la pérdida de peso*

¿Necesita perder peso de forma efectiva? ¡No hay problema! Con la combinación de una dieta keto y una rutina de ejercicios regulares, perderás peso mucho mejor que con la mayoría de las técnicas. Además, una vez que te acostumbres a la dieta, no sientes hambre fácilmente, y la comida rica en proteínas que tiene te ayuda en tus ejercicios.

### *Reduce el riesgo de diabetes*

Vimos cómo la diabetes es causada en nuestro cuerpo. Con una dieta keto adecuada, reducirás el riesgo de contraer la enfermedad. Le estás dando a tu cuerpo los nutrientes esenciales y reduciendo la cantidad de glucosa que ingieres.

### *Mejora la salud del corazón*

Cuando estás con una dieta keto, también reduces la ingesta de colesterol dañino. Esto eventualmente mejora el funcionamiento de tu corazón. De hecho, el colesterol bueno de tu cuerpo, HDL, aumenta mientras que los niveles de colesterol malo, conocido como LDL, disminuyen.

### *Mejora el funcionamiento del cerebro*

Se han realizado muchos estudios sobre la cetosis. Uno de estos estudios afirma que el keto mejora la función cerebral (Hernández et al., 2018). Más específicamente, mejora el funcionamiento cognitivo y el estado de alerta.

### *Reduce las moléculas de grasa*

Hay ciertas moléculas de grasa que circulan en el torrente sanguíneo conocidas como triglicéridos. Estas moléculas son conocidas por ser un factor de riesgo de enfermedades cardíacas.

Una de las principales causas del aumento de los triglicéridos es el consumo de carbohidratos. Esta es la razón por la cual, cuando las personas reducen su consumo de carbohidratos y cambian a alimentos más saludables, comienzan a notar una disminución en la circulación de los triglicéridos.

# **El Resultado Final**

Una dieta keto es más que una moda. Es un estilo de vida salpicado de beneficios. Vamos a sacar el máximo provecho de ello. ¿Sigues conmigo aquí? Entonces, vayamos a nuestro próximo destino: toda la comida que puedas comer y la que generalmente debes evitar.

# Capítulo 2: Qué comer y qué no comer

Esta es una pregunta importante y muchas veces nos podemos sentir perdidos con diferentes opiniones sobre lo que exactamente debería constituir una dieta keto.

Afortunadamente, tienes este libro.

Voy a enumerar los alimentos que puedes incluir como parte de tu dieta keto y aquellos alimentos que definitivamente deberías evitar. En primer lugar, nos centraremos en los porcentajes.

Cuando descomponemos tu dieta típica keto en sus macronutrientes, tu ingesta debería ser así:

- 75% de grasas
- 20% de proteínas
- 5% de carbohidratos

Por lo general, nuestra ingesta diaria de calorías debe ser de alrededor de 2.000. Lo que significa que si aplicamos los porcentajes, las grasas deberían proporcionarnos alrededor de 1.500 calorías, las proteínas deberían aportar 400 calorías, y los carbohidratos deberían darnos las 100 calorías restantes.

Por lo tanto, debes tratar de satisfacer tus necesidades diarias de grasa, pensando en cuánta proteína estás consumiendo y limitando tu ingesta de carbohidratos. Luego, eliminaremos cualquier producto a base de carne de la lista (después de todo, estamos enfocados en la increíble variedad vegetal). Aun así, hay numerosos alimentos que puedes disfrutar en una dieta keto.

Ya que mencionamos las grasas buenas, comencemos por ver las maneras en que puedes obtener algunas grasas saludables en tu cuerpo.

## *Grasas saludables*

Asegúrate de evitar las grasas trans. Teniendo esto en cuenta, aquí hay algunas fuentes de grasas poliinsaturadas y monoinsaturadas:

- Mantequilla
- Aceite de coco
- Ghee
- Manteca de cerdo
- Aceite de aguacate
- Aceite de oliva virgen extra
- Aceite de macadamia

- Manteca de coco

- Leche de coco

Vamos a tener una comprensión completa de qué alimentos puedes disfrutar definitivamente en una dieta keto, los alimentos que debes mantener en moderación, y aquellos alimentos que son definitivamente un no-no. En resumen, estamos viendo los alimentos "Los buenos, los moderados y los malos".

Con eso establecido, vamos a averiguar acerca de los…

# Alimentos que puedes disfrutar con la dieta Keto

Cuando incluyes vegetales, entonces está agregando tantos nutrientes esenciales a tu dieta como sea posible mientras reduces las calorías, lo cual te ayuda a mantenerte dentro de tus metas diarias de consumo.

## *Verduras*

- Alcachofas
- Espárragos
- Aguacate
- Pimientos morrones
- Brócoli
- Col
- Coliflor
- Apio
- Pepino
- Colinabo
- Lechuga

- Okra o quimbombó

- Rábanos

- Algas marinas

- Espinacas

- Tomates

- Berros

- Calabacín

## *Productos lácteos*

La mayoría de las personas a menudo dudan cuando se trata de productos lácteos porque a menudo se preguntan qué incluir y qué no deben consumir. Para que te sientas a gusto, aquí tienes los productos que definitivamente puedes incluir en tu dieta:

- Queso Brie

- Requesón

- Queso Cheddar

- Queso crema

- Yogur

- Crema espesa

- Kéfir

- Queso mozzarella

- Crema agria

- Queso suizo

¿Ves? ¡Todavía puedes disfrutar de una comida realmente deliciosa!

## *Hierbas y especias*

Tienes una amplia selección de hierbas y especias que puedes agregar a tu plato. Además, no estarías agregando una gran cantidad de carbohidratos o calorías a tus alimentos, mientras que al mismo tiempo, obtienes sabores increíbles con los que trabajar. Las hierbas y especias con las que se puede trabajar son:

- Albahaca

- Pimienta negra

- Cayena

- Cardamomo

- Chile en polvo

- Cilantro
- Canela
- Comino
- Curry en polvo
- Garam masala
- Jengibre
- Ajo
- Nuez moscada
- Orégano
- Cebolla en polvo
- Páprika
- Perejil
- Romero
- Sal marina
- Sabio
- Tomillo
- Cúrcuma
- Pimienta blanca

## *Bebidas*

Nada de cosas dulces en la dieta keto, por supuesto. Eso no significa que estas prohibido de disfrutar de cualquier bebida saborizada. Todavía puedes darte el gusto con ciertas bebidas que te brindan un poco de variedad cuando te apetezca tomar algo que no sea agua pura.

- Leche de almendras sin azúcar
- Leche de anacardo sin azúcar
- Club soda
- Leche de coco
- Café
- Té de hierbas
- Agua mineral
- Agua de Seltz
- Té

Ahora que hemos comprendido las cosas buenas que puedes disfrutar, pasemos a los alimentos que puedes comer con moderación. Pero, ¿qué significa moderación?

En otras palabras, cuando puedas controlar tus carbohidratos y cuando estés acostumbrado a la dieta keto, puedes hacer ajustes donde sea necesario para disfrutar de los siguientes alimentos. De esta manera, mantienes tu consumo de calorías dentro del límite, pero al mismo tiempo, puedes disfrutar de algo que deseas.

## *Frutas*

No hay duda de ello, las frutas son una maravillosa fuente de nutrición. Pero también incluyen el azúcar, y eso significa que debemos tener cuidado con la cantidad y, lo que es más importante, con la fruta que consumimos.

Hay algunas frutas que tienen una cantidad de carbohidratos de baja a moderada. Puedes disfrutar de estas frutas (en cantidades limitadas).

Muchas de las frutas que se enumeran a continuación se pueden disfrutar a diario, pero es posible que se limite a una taza o a una sola rebanada.

¿Sorprendido? ¿Creíste que iba a decir que sólo se pueden tomar una vez a la semana?

Recuerda que a medida que entiendas mejor tu consumo de calorías y carbohidratos, puedes hacer ajustes para incluir más de las frutas a continuación:

- Albaricoque
- Zarzamoras
- Arándanos

- Melón
- Cerezas
- Arándanos
- Pomelo
- Melón
- Kiwi
- Limón
- Lima
- Melocotones
- Frambuesas
- Fresas

***Nueces y semillas***

Las nueces son una gran fuente de grasas saludables. Al mismo tiempo, también contienen carbohidratos. No te preocupes. No tienen las cantidades de carbohidratos que deberían preocuparte, y vamos a asegurarnos de que tengas la cantidad correcta.

Entonces, ¿qué nueces puedes comer?

- Almendras
- Anacardos

- Semillas de chía
- Avellanas
- Nueces de macadamia
- Mantequilla de nueces
- Pacanas
- Piñones
- Pistachos
- Psilio
- Semillas de calabaza
- Semillas de sésamo
- Semillas de girasol
- Nueces

Con todos los alimentos aprobados en la dieta keto que puedes consumir en cantidades moderadas, vamos a ver todos los alimentos que no puedes incluir en tu dieta.

# Todas las cosas que no se pueden incluir

Hay numerosas categorías que debes evitar cuando está en una dieta keto. Puedes haber oído esto, pero es importante mencionarlo de todos modos: no incluyas ningún alimento que sea grano o a base de grano, ya que tienen una alta cantidad de carbohidratos.

Algunos de los alimentos que hay que evitar durante la dieta keto son:

- Agave
- Harina
- Productos de panadería
- Mezcla para hornear
- Plátanos
- Cebada
- Cerveza
- Azúcar morena
- Alforfón
- Harina de pastel
- Dulces
- Aceite de colza

- Cereal
- Maíz
- Jarabe de maíz
- Cuscús
- Miel
- Aceites hidrogenados
- Helados
- Cóctel de zumos
- Lácteos bajos en grasa
- Mangos
- Jarabe de arce
- Margarina
- Leche
- Chocolate con leche
- Muesli
- Avena
- Pastelería
- Pasta
- Piña

- Patatas
- Quinua
- Arroz
- Tentempiés
- Soda
- Batatas
- Bebidas para deportistas
- Harina de trigo
- Azúcar blanca

Eso es todo lo que hay que hacer. Cuando miras la lista de arriba, podrías estar pensando si hay alguna manera de añadir uno de esos elementos como parte de la dieta keto. Tal vez de vez en cuando no afecte, ¿verdad?

Sin embargo, nos vamos a centrar únicamente en los alimentos que podemos incluir y no vamos a considerar ni remotamente ninguno de los artículos de la lista anterior. No va a ser fácil, pero es necesario. Una vez que tu cuerpo comienza a entender que ya no debe depender de los carbohidratos o azúcares, es mucho más fácil para él ajustarse a la dieta keto.

Ahora que hemos establecido las pautas básicas sobre lo que se puede comer o no comer, continuemos nuestro viaje. Esta vez, nos dirigimos directamente a nuestro destino más excitante: ¡la comida!

Comenzamos nuestra aventura en la tierra del desayuno, la comida que literalmente significa romper el ayuno (como su nombre indica) que has estado teniendo durante la noche desde tu última comida (cena si estás siguiendo la dieta keto, lo que también significa que te estás despidiendo de esos bocadillos nocturnos).

# Capítulo 3: Deliciosas recetas para el desayuno

El desayuno, la comida que decide cómo será tu día. Con la cantidad adecuada de nutrientes, puedes comenzar tu día sintiéndote fresco con abundante energía positiva. Si no es así, es posible que sientas que estás arrastrando tu cuerpo, con letargo y tu cerebro pensando en volver a la cama.

# Panqueques Keto de queso crema suave

¿No te dije que esto iba a ser divertido? Sí, por supuesto. Comenzamos el día con panqueques suaves y con queso que te harán querer más.

## *Ingredientes*

- ½ cucharadita de canela
- ½ Paquete de Stevia en bruto (una alternativa keto al azúcar)
- 1 cucharada de harina de coco
- 1 cucharada de aceite de coco
- 3 cucharadas de jarabe de arce sin azúcar
- 2 oz. de queso crema
- 2 huevos

## *Direcciones*

1. Saca un bol y mezcla todos los ingredientes, excepto el aceite de coco, hasta que estén suaves.

2. Luego, saca una sartén antiadherente y colócala a fuego medio-alto.

3. Añade el aceite de coco.

4. Ahora agrega la mezcla en la sartén y prepara sus panqueques normalmente. El truco es

intentar cocinar lo más posible de un lado sin quemarlo. Para hacer esto, simplemente usa una espátula para levantar el lado que está cocinando para ver si está bien cocido.

5. Cuando un lado es de tu agrado, puedes voltear el panqueque y cocinar el otro lado.

6. Cuando ambos lados estén cocidos, traslada el panqueque a un plato y ¡disfruta!

# Latte con especias Keto

¿Por qué ir a tu café local cuando puedes hacer tu propio café con leche saludable en casa? ¿Mencioné que incluye especias de calabaza?

## *Ingredientes*
- 10 gotas de stevia líquida
- 2 cucharadas de crema batida espesa
- 2 cucharadas de mantequilla
- 2 cucharaditas de mezcla de especias para pastel de calabaza
- 2 tazas de café fuerte
- 1 taza de leche de coco
- 1 cucharadita de extracto de vainilla
- ½ cucharadita de canela
- ¼ taza de puré de calabaza

## *Direcciones*

1. Coloca una olla antiadherente a fuego medio.

2. Agrega el puré de calabaza, la mantequilla, la leche y la mezcla de especias.

3. Deja que alcancen el punto de ebullición, y una vez que notes que están burbujeando, añade las 2 tazas de café a la mezcla. Revuelve los ingredientes y mézclalos todos juntos. Haz esto durante unos 2-3 minutos.

4. Una vez que todos los ingredientes estén mezclados, pásalos a una licuadora, agrega la stevia y la crema. Mezcla todos los ingredientes hasta que estén suaves.

5. Transfiere a tu taza de café o mug de café favorito (para que puedas llevar al trabajo).

# Batido de aguacate suave y col rizada

¿Qué obtienes cuando añades dos ingredientes saludables y deliciosos para hacer un batido o smoothie? Bueno, obtienes un delicioso y saludable batido, ¡por supuesto!

## *Ingredientes*

- 3 cubitos de hielo
- 1 taza de col rizada fresca (picada)
- 1 cucharada de jugo de limón fresco
- ½ cucharadita de extracto líquido de stevia, al gusto
- ¾ taza de leche de almendras sin azúcar
- ½ taza aguacate picado
- ¼ taza de yogur, natural

## *Direcciones*

1. Mezcla la leche de almendras, la col rizada y el aguacate en una licuadora. Licúa hasta que los ingredientes estén suaves.

2. Añade el resto de los ingredientes y mezcla de nuevo.

3. Transfiere los ingredientes a un vaso grande y bebe inmediatamente.

# Batido de Proteína de Manteca de Almendra

¿Vas al gimnasio? ¿Por qué no tomar esta bebida para darte ese impulso de energía que necesitas? O incluso podría disfrutarlo mientras te preparas para el día.

## *Ingredientes*

- 1 taza de leche de almendras sin azúcar
- 1 cucharada de mantequilla de almendras
- ½ taza de yogur, natural
- ¼ taza de polvo de proteína de clara de huevo y vainilla
- ¼ cucharadita de canela molida
- ¼ stevia líquida

## *Direcciones*

1. Mezcla la leche de almendras y la mantequilla en una licuadora. Deja que la licuadora funcione hasta que veas que toda la mezcla está suave.

2. Añade el resto de los ingredientes y mezcla de nuevo.

3. Vacía los ingredientes a un vaso grande y bebe inmediatamente.

# Batido de arándanos y remolacha

¿Qué obtienes cuando añades dos ingredientes saludables y deliciosos para hacer un batido? Bueno, consigues un batido saludable y delicioso, ¡por supuesto!

## *Ingredientes*

- 1 taza de leche de coco sin azúcar
- 1 cucharadita de semillas de chía
- 1 remolacha pequeña (pelada y picada)
- ¼ taza de crema espesa
- ¼ taza de arándanos congelados
- ¼ stevia líquida

## *Direcciones*

1. Mezcla la leche de coco, las remolachas y los arándanos en una licuadora hasta que los ingredientes estén suaves.

2. Añade el resto de los ingredientes y mezcla de nuevo.

3. Vacía los ingredientes a un vaso grande y bebe inmediatamente.

# Magdalenas de Almendra con Mantequilla

Crujientes y deliciosos. La mantequilla añade la cantidad adecuada de textura a todo el plato. Cuando quieras que tus mañanas comiencen sin problemas, entonces estas magdalenas pueden ayudarte con eso.

## *Ingredientes*

- 4 huevos grandes
- 2 cucharaditas de polvo de hornear
- 2 tazas de harina de almendras
- 1 taza de eritritol en polvo
- ¾ taza de mantequilla de almendra (caliente)
- ¾ taza de leche de almendras sin azúcar
- ¼ cucharadita de sal

## *Direcciones*

1. Precalienta el horno a 350°F (180°C).

2. Saca un molde para magdalenas y fórralo con papel.

3. En un tazón grande agrega la harina, el eritritol, la sal y el polvo de hornear. Usando un batidor de mano, mezcla bien.

4. Usa otro tazón y agrega los huevos, la mantequilla de almendras y la leche de almendras.

5. Ahora vacía los ingredientes del segundo tazón al primero. Mezcla todos los ingredientes.

6. Con una cuchara, transfiera la masa que tiene a la bandeja para magdalenas.

7. Hornea durante unos 20-25 minutos. Para comprobar si las magdalenas están listas, inserta un cuchillo en el centro de cualquier panecillo. Cuando lo quites, no debería quedar masa pegada a él.

8. Deja que las magdalenas se enfríen a temperatura ambiente durante unos 5 minutos antes de servirlas.

# **Tortilla Clásica, ¡Estilo Keto!**

A veces, todo lo que necesitas es una buena tortilla para alegrarte el día. Pero no querrás comer cualquier tortilla. Lo que necesitas es la tortilla keto. Como la de abajo.

### *Ingredientes*

- 3 huevos grandes (batidos)
- 2 cucharaditas de aceite de coco
- 1 cucharada de crema espesa
- ¼ taza de pimiento verde cortado en cubitos
- ¼ taza de cebolla amarilla picada
- ¼ cucharadita de sal
- ¼ cucharadita de pimienta

### *Direcciones*

1. En un tazón pequeño agrega los huevos, la crema espesa, la sal y la pimienta. Bátelos juntos hasta que estén bien mezclados.

2. Coloca una sartén a fuego medio y agrega 1 cucharadita de aceite de coco.

3. Añade los pimientos y las cebollas en la sartén y saltea durante 3-4 minutos.

4. Vacía la mezcla en la sartén a un recipiente. Vuelve a calentar la sartén a fuego medio y añade el resto de la cucharada de aceite.

5. Toma el bol que contiene los huevos batidos y la crema espesa y viértelo en la sartén.

6. Cocina hasta que notes que el fondo de los huevos comienza a cuajar.

7. Aquí hay un truco para hacer bien los huevos. Inclina la sartén ligeramente para esparcir el huevo y continúa cocinando hasta que veas que están casi cocidos.

8. Toma el bol que contiene los pimientos y las cebollas. Usando una cuchara, extiéndelas sobre la mitad del huevo. Dóblalo.

9. Ahora, espera a que los huevos se cocinen completamente antes de servir.

# Panqueques de proteína con un toque de canela

¿Qué tal si tomamos la cantidad correcta de proteínas? ¿Qué tal si lo hacemos mientras comemos un panqueque? ¿Qué tal si le agregamos canela a la mezcla? Todas las buenas preguntas que tienen una sola respuesta, la receta de abajo.

## *Ingredientes*

- 8 huevos grandes
- 2 cucharadas de proteína blanca de huevo en polvo
- 1 taza de leche de coco enlatada
- 1 cucharadita de extracto de vainilla
- ¼ taza de aceite de coco
- ½ cucharadita de canela molida
- ½ cucharadita de stevia líquida
- ¼ cucharadita de nuez moscada molida

## *Direcciones*

1. Saca tu procesador de alimentos y agrega la leche de coco, aceite de coco y los huevos. Mezcla los ingredientes hasta que estén bien mezclados.

2. Agrega el resto de los ingredientes en la procesadora y continúa mezclando hasta que notes que la mezcla se vuelve suave.

3. Coloca una sartén antiadherente a fuego medio.

4. Agrega la masa que acaba de preparar a la sartén. No viertas todo de una sola vez. Usa una taza y vierte ¼ de la masa para cada panqueque que quieras hacer.

5. Cocina la masa hasta que notes que se forman burbujas en la parte superior de la tortita y luego voltéela.

6. Cocine la tortita hasta que la parte inferior se vuelva marrón.

7. Transfiere a un plato y pase a la siguiente tortita.

# **Batido verde desintoxicante**

¡Es hora de ser ecológico por la mañana! Este batido está lleno de toda la bondad verde que puedas pedir. Tiene col rizada, espinacas y apio. Agrega un poco de jugo de limón y tendrás esa increíble frescura para complementar la bebida.

## *Ingredientes*

- 3 cubitos de hielo
- 2 cucharadas de jugo de limón fresco
- 1 taza de col rizada fresca picada
- 1 taza de agua
- 1 cucharada de aceite de coco
- 1 cucharada de jugo de lima fresca
- ½ taza de espinacas bebé frescas
- ¼ taza de apio picada
- ½ cucharadita de extracto líquido de stevia

## *Direcciones*

1. Mezcle la col rizada, las espinacas y el apio en una licuadora. Licúa hasta que los ingredientes estén suaves.

2. Añade el resto de los ingredientes y mezcla de nuevo.

3. Vacía los ingredientes a un vaso grande y bebe inmediatamente.

# Muffins de huevo con tomate y mozzarella

Es hora de probar una versión salada de un muffin. El tomate agrega la cantidad adecuada de dulzura mientras que la mozarella le da el sabor agrio para agregar equilibrio a todo el muffin. No te fíes de mi palabra. ¡Pruébalo por ti mismo!

## *Ingredientes*

- 12 huevos grandes (batidos)
- 1 cucharada de mantequilla
- 1 tomate mediano (cortado en dados)
- 1 taza de queso mozzarella (rallado)
- ½ taza de cebolla amarilla (picada)
- ½ taza de leche de coco de lata
- ¼ taza de cebolla verde rebanada
- ¼ cucharadita de sal
- ¼ cucharadita de pimienta

## *Direcciones*

1. Precalienta el horno a unos 350°F (180°C).

2. Rocía ligeramente una bandeja para panecillos con aceite en spray.

3. Coloca una sartén a fuego medio. Añade las cebollas y los tomates. Cocina durante 3-4 minutos hasta que los ingredientes se ablanden.

4. Transfiere la mezcla a los moldes para muffins, asegurándote de dividir en partes iguales.

   Bate bien la leche de coco, los huevos, las cebollas verdes, la sal y la pimienta en un tazón pequeño. Transfiérelas igualmente a la bandeja de panecillos. La mejor manera de hacerlo es usando una cuchara.

5. Añade el queso por encima, y hornea la bandeja durante unos 20-25 minutos.

# **Waffle crujiente de Chai**

¿Te gusta el sabor mágico del chai? Bueno, ¿qué tal si transferimos esos sabores a un waffle? Es la combinación perfecta en este desayuno fácil de preparar y delicioso.

## *Ingredientes*

- 4 huevos grandes (separados en yemas y claras)
- 3 cucharadas de aceite de coco (derretido)
- 3 cucharadas de eritritol en polvo
- 3 cucharadas de leche de almendras sin azúcar
- 3 cucharadas de harina de coco
- 1 cucharadita de polvo de hornear
- 1 cucharadita de extracto de vainilla
- ½ cucharadita de canela molida
- ¼ cucharadita de jengibre molido
- ¼ cucharadita de clavo molido
- ¼ cucharadita de cardamomo molido

## *Direcciones*

1. Coloca las claras de huevo en un tazón mientras que las yemas van a otro tazón.

2. Comienza con las claras de huevo, batiéndolas a punto nieve. Deja el tazón a un lado.

3. Pasa a las yemas de huevo. Agrega la harina de

coco, el eritritol, el polvo de hornear, la vainilla, la canela, el cardamomo y el clavo y bate todos los ingredientes hasta que estén bien mezclados.

4. Añade el aceite de coco en el bol de las yemas y sigue batiendo. A continuación, añade la leche de almendras manteniendo el batidor en marcha.

5. Es hora de añadir las claras de huevo. Añádelas suavemente en forma envolvente a la yema y asegúrate de que los ingredientes estén bien mezclados.

6. Engrasa la plancha para waffles ligeramente con aceite en spray.

7. Para cada waffle, vierte alrededor de ½ taza de masa en la plancha.

8. Prepara el waffle siguiendo las instrucciones del fabricante de la plancha.

9. Una vez cocido el waffle, colócalo en un plato y trabaja el resto de la masa.

# Batido de proteínas con chocolate cremoso

Con el poder de la proteína y la maravillosa textura del chocolate cremoso, podrías hacer de este tu batido de proteínas preferido. Es decir, si es que no te quedas pensando cuál de los otros batidos de este libro podría ser tu favorito.

## *Ingredientes*

- 1 taza de leche de almendras sin azúcar
- 1 cucharada de cacao en polvo sin azúcar
- 1 cucharada de aceite de coco
- ½ taza de yogur integral
- ¼ cucharadita de stevia líquida
- ¼ taza de proteína de clara de huevo con chocolate en polvo

## *Direcciones*

1. Mezcla la leche de almendras, el yogur y las proteínas en polvo en una licuadora. Bate hasta que los ingredientes estén suaves.

2. Añade el resto de los ingredientes y mezclar de nuevo.

3. Vacía los ingredientes a un vaso grande y bebe inmediatamente.

# Smoothie Combo de Vainilla y Chai

Un poco de la bondad del chai con el toque de la vainilla. Es como juntar mantequilla de maní y jalea, pero mucho más saludable y delicioso.

## *Ingredientes*

- 1 taza de leche de almendras sin azúcar
- 1 cucharadita de extracto de vainilla
- ½ taza de yogur
- ¼ cucharadita de stevia líquida
- ¼ cucharadita de canela molida
- ¼ cucharadita de jengibre molido
- ¼ cucharadita de clavo molido
- ¼ cucharadita de cardamomo molido

## *Direcciones*

1. Mezcla todos los ingredientes en una licuadora hasta que los ingredientes estén suaves.

2. Vacía los ingredientes a un vaso grande y bebe inmediatamente.

# Panqueques de proteínas con chocolate

El consumo de proteínas no tiene por qué ser aburrido. Ahora, pon tu proteína en un panqueque con un poco de chocolate.

## *Ingredientes*

- 8 huevos grandes
- 2 cucharadas de proteína de clara de huevo en polvo
- 1 cucharadita de extracto de vainilla
- 1 taza de leche de coco en lata
- ¼ taza de aceite de coco
- ¼ taza de cacao en polvo sin azúcar
- ¼ cucharadita de extracto líquido de stevia

## *Direcciones*

1. En el procesador de alimentos vierte la leche de coco, el aceite de coco y los huevos.

2. Mezcla los ingredientes con unas cuantas pulsaciones. Añade el resto de los ingredientes.

3. Continúa mezclando hasta que todos los ingredientes estén suaves.

4. Añade la stevia para darle sabor.

5. Ahora coloca una sartén a fuego medio.

6. Es hora de trabajar con la masa. Usa ¼ taza de masa para cada panqueque que hagas.

7. Comienza a cocinar la tortita hasta que veas que se forman burbujas en la parte superior. Una vez que veas las burbujas, voltea el panqueque y continúa cocinando hasta que se forme una capa marrón en el fondo.

8. Transfiere a un plato y luego usa la masa restante si lo deseas.

# Huevos revueltos con espinacas y parmesano

Estos huevos necesitan los adornos adecuados para que se conviertan en algo especial. Las espinacas no añaden sabores fuertes, pero el sabor a nuez del parmesano es un maravilloso complemento tanto para los huevos como para las espinacas.

## *Ingredientes*

- 2 tazas de espinaca bebé fresca
- 2 cucharadas de queso parmesano rallado
- 2 huevos grandes (batidos)
- 1 cucharada de crema espesa
- ¼ cucharadita de sal
- ¼ cucharadita de pimienta
- 1 cucharadita de aceite de coco

## *Direcciones*

1. En un bol añade los huevos batidos. Agrega la crema espesa, sal y pimienta y bate de nuevo hasta que todos los ingredientes estén combinados.

2. Coloca una sartén a fuego medio y vierte el aceite de coco en ella.

3. Pon las espinacas en la sartén y cocina hasta que se marchiten. Esto suele tardar unos 2 minutos.

4. Vierte los ingredientes del tazón en la sartén y cocine hasta que los huevos estén bien cocidos. Esto toma otros 1-2 minutos.

5. Añade el parmesano.

6. Servir caliente.

# Waffle de canela

Otra opción de waffles para ti. Esta vez, estamos trayendo el poder picante de la canela con la cantidad correcta de extracto de vainilla para complementar la especia.

## *Ingredientes*

- 4 huevos grandes (separados en yemas y claras)
- 3 cucharadas de harina de coco
- 3 cucharadas de eritritol en polvo
- 1 cucharadita de polvo de hornear
- 1 cucharadita de extracto de vainilla
- ½ taza de crema espesa
- ½ cucharadita de canela molida
- ¼ cucharadita de nuez moscada molida

## *Direcciones*

1. Separa las claras de huevo en un tazón mientras que las yemas van a otro tazón.

2. Comienza con las claras de huevo, batiéndolas hasta que notes que aparecen picos en ellas. Deja el tazón a un lado por ahora.

3. Pasa a las yemas de huevo. Añade la harina de coco, el eritritol, el polvo de hornear, la vainilla, la canela y la nuez moscada y bate todo hasta que se mezclen bien. Añade la

crema espesa y bate de nuevo hasta que la mezcla se haya integrado.

4. Por último, transfiere las claras de huevo al bol y continúa mezclando todo.

5. Usa aceite en spray para cubrir la plancha para waffles y precaliéntala.

6. Usa ½ taza de masa para cada waffle que quieras hacer.

7. Preparar el waffle siguiendo las instrucciones de la plancha para waffles.

8. Una vez que el waffle esté listo, pásalo a un plato. Usa el resto de la masa si quieres.

# Waffles de calabaza con especias

No es sólo el puré de calabaza lo que resalta el sabor de este plato, sino la combinación de clavo de olor, nuez moscada y canela. Este waffle es un festival de especias, y te invitamos a probarlo (y a engancharte al plato).

## *Ingredientes*

- 4 huevos grandes (separados en yemas y claras)
- 3 cucharadas de eritritol en polvo
- 3 cucharadas de harina de coco
- 1 cucharadita de extracto de vainilla
- 1 cucharadita de polvo de hornear
- ½ taza de puré de calabaza
- ½ cucharadita de canela molida
- ¼ cucharadita de nuez moscada molida
- ¼ cucharadita de clavo molido

## *Direcciones*

1. Separa las claras de huevo y colócalas en un tazón mientras que las yemas van a otro tazón.

2. Comienza con las claras de huevo, batiéndolas hasta que notes que aparecen picos en ellas. Deja el cuenco a un lado por ahora.

3. Pasa a las yemas de huevo. Añada la harina de coco, el eritritol, el polvo de hornear, la

vainilla, la canela, la nuez moscada y los clavos de olor y bate bien todos los ingredientes.

4. Añade el puré de calabaza y sigue batiendo. Transfiere las claras de huevo a las yemas y bate un poco más.

5. Use tu aceite en spray para cubrir la plancha para waffles y precalentarla.

6. Usa ½ taza de masa para cada waffle que quieras hacer.

7. Preparar el waffle a base de las instrucciones de la plancha.

8. Una vez que el waffle esté listo, pásalo a un plato. Usa el resto de la masa si quieres.

## Té Keto

¿Una buena taza de té por la mañana? ¿Quizás para acompañar tu waffle o panqueque? Por supuesto. Incluso tenemos una versión keto.

### *Ingredientes*

- 2 tazas de agua
- 2 bolsitas de té
- 1 cucharada de ghee
- 1 cucharada de aceite de coco
- ½ cucharadita de extracto de vainilla
- ¼ cucharadita de extracto líquido de stevia

### *Direcciones*

1. Prepara tu té usando las bolsas de té y luego deja a un lado.

2. Toma un recipiente diferente y derrite el ghee.

3. Añade aceite de coco y vainilla al ghee derretido.

4. Vierte el té de la taza en una licuadora. Añade el resto de los ingredientes.

5. Licuarlos hasta que estén suaves.

# Avena de Canela y Especias Keto

A veces, sólo necesitas una buena avena para empezar el día. Pero de ninguna manera vas a recurrir a las mismas cosas de siempre. ¡Es hora de darle un poco de sabor!

*Ingredientes*

- 10 gotas de stevia líquida
- 3 cucharadas de eritritol (en polvo)
- 3 cucharadas de mantequilla
- 3 tazas de leche de coco
- 2 tazas de queso crema
- 1 cucharadita de canela
- 1 cucharadita de jarabe de arce sin azúcar
- 1 taza de nueces trituradas
- ½ cucharadita de vainilla
- ½ taza de ramilletes de coliflor
- ¼ taza de semillas de lino
- ¼ cucharadita de pimienta inglesa
- ¼ cucharadita de nuez moscada
- ¼ taza de crema espesa
- ¼ taza de semillas de chía

*Direcciones*

1. Añade los ramilletes de coliflor al procesador de alimentos y procésalos bien.

2. Toma una olla y colócala a fuego medio. Añade la leche de coco.

3. En otra olla, agrega las nueces trituradas y cocina a fuego lento para tostar.

4. Añade la coliflor a la leche de coco y calentar la mezcla hasta que empiece a hervir. Cuando lo veas hirviendo, baja el fuego para que hierva a fuego lento.

5. Añade todas las especias a la leche de coco y mezcla los ingredientes.

6. Agrega el eritritol, la stevia, el lino y las semillas de chía a la leche de coco y mézclalos todos juntos.

7. Mezcla la crema, la mantequilla y el queso crema en la olla.

8. Vacía a un tazón.

## **Desayuno Fiesta Mexicana Keto**

Hola y bienvenidos al plato que traerá algunos sabores mexicanos, todo siguiendo la dieta keto! ¿Crees que es imposible? Bueno, ¡lo hicimos posible!

### *Ingredientes*

- 4 huevos (escalfados)
- 2 cucharadas de crema agria
- 2 cucharadas de aceitunas (picadas)
- 2 cucharadas de cilantro (picado)
- ¼ taza de salsa con trozos
- ¼ taza de queso cheddar (rallado)
- ¼ taza de aguacate (picado en trozos)

### *Direcciones*

1. Preparar los huevos escalfándolos.

2. Luego, toma un tazón que sea seguro para el microondas y añade la salsa. Caliéntalo en el interior del microondas (que debe tardar entre 30 y 45 segundos).

3. Transfiere los huevos escalfados a un plato y luego coloca salsa, crema agria, aceitunas, queso, aguacate y perejil.

# Desayuno Shufflin' Soufflé

Este soufflé es tan suave que no podrás evitar hacer un poco de barullo después de probarlo.

## *Ingredientes*

- 3 cucharadas de mantequilla sin sal
- ½ taza de claras de huevo
- ½ taza de champiñones en rodajas finas
- ½ taza de queso de cabra fresco
- ½ Tomate mediano (en rodajas finas)
- ¼ cucharadita de sal
- ¼ cucharadita de pimienta

## *Direcciones*

1. Comienza por precalentar el horno a 400°F (200°C).

2. Saca un bol y combina los huevos, sal y pimienta y bátelos juntos.

3. Coloca una sartén a fuego medio-alto. Agrega la mantequilla a la sartén y espera a que se derrita. Añade los champiñones y saltéalos hasta que estén blandos.

4. Agrega las rodajas de tomate. Revuelve un poco los ingredientes.

5. Añade el queso en el bol con las claras de huevo. Mezcla con las claras.

6. Vierte la mezcla de clara de huevo en la sartén.

7. Vacía todo a la sartén y hornea durante unos 8 minutos.

8. ¡Transfiere a un plato y disfruta!

# Hash Browns de Coliflor

No podíamos completar la sección de desayunos sin que nos dieran una receta de hash browns. La mejor parte es que si necesitas preparar un desayuno rápido, entonces esta es tu receta.

## *Ingredientes*

- 2 tazas de flores de coliflor
- 1 taza de harina sin gluten
- 1 cebolla (picada)
- 2 cucharadas de mantequilla (más si es necesario)
- ¼ cucharadita de sal
- ¼ cucharadita de pimienta

## *Direcciones*

1. En un bol pequeño, añade la harina, la coliflor, la cebolla, la sal y la pimienta y mézclalos bien.

2. Saca una sartén y colócala a fuego medio.

3. Añade la mantequilla.

4. Saca la coliflor y la mezcla de harina en una cuchara y enróllala en una bola. No te preocupe si la mezcla no se adhiere. Lo hará una vez que se haya transferido a la sartén. Presione la bola con una cuchara hasta que tome forma de disco.

5. Deja que un lado se fría y dore de un bonito color marrón. Esto generalmente toma de 3 a 4 minutos. Cuando un lado esté listo, dale la vuelta y trabaja en el otro lado.

6. Transfiere el hash brown a un plato. Usa el resto de la mezcla de harina para obtener más hash browns. Añade más mantequilla si fuera necesario.

# Capítulo 4: Comidas deliciosas

Las tardes son para tomar un descanso del pesado día o para relajarse en casa.

La mejor manera de hacer todo eso es tener un plato de almuerzo saludable y delicioso a tu lado, donde cada bocado rebose de sabores. Bienvenido al siguiente paso de nuestro viaje, donde tus papilas gustativas bailarán, explorarán y experimentarán platos que nunca pensaste que serían posibles con ingredientes vegetarianos.

Bueno, lo son.

# Ensalada vegetariana de tacos con aderezo de aguacate y limón

Otra especialidad mexicana, y vamos a hacerla al estilo keto. ¡Así que vamos a empezar!

*Ingredientes para la ensalada*

- 15 onzas de frijoles negros (escurridos y enjuagados)
- 4 onzas de mezcla de primavera (o una mezcla de tus verduras favoritas)
- 3 tallos de cebolla verde (picada)
- 2 tomates romanos (picados)
- 2 cucharadas de cilantro (recién cortado)
- 2 mazorcas de maíz (cocidas y sin maíz)
- 1 aguacate (picado)
- ½ taza de queso cotija (desmenuzado)
- ¼ taza de tiras de tortilla tricolor
- ¼ cebolla roja (picada)
- ¼ cucharadita de sal
- ¼ cucharadita de pimienta

*Ingredientes para el aderezo de aguacate y limón*

- 4 cucharadas de agua
- 1 aguacate
- 1 cucharada de mayonesa
- 1 cucharada de cilantro
- 1 cucharada de aceite de oliva extra virgen

- 1 cucharadita de jugo de limón
- ¼ cucharadita de cebolla en polvo
- ¼ cucharadita de ajo en polvo
- ¼ cucharadita de sal
- ¼ cucharadita de pimienta
- ⅛ cucharadita de azúcar o stevia opcional

## *Direcciones*

1. Para hacer la ensalada, saca un tazón grande.

2. Agrega todos los ingredientes de la ensalada (reserva la sal y la pimienta para el final), y luego mézclalos. Añadir la sal y la pimienta.

3. Para el aderezo, vierte todos los ingredientes del aderezo en una licuadora.

4. Licúa hasta que todos los ingredientes estén suaves.

5. A continuación, coloca la ensalada en un plato. Vierte el aderezo sobre la ensalada.

6. ¡Disfruta!

# **Ensalada de huevo con lechuga**

Un poco de ensalada de huevo hace que el almuerzo sea ligero. Pero, ¿cuál es la mejor manera de hacerlos? Bueno, usa la receta de abajo.

## *Ingredientes*

- 4 tazas de lechuga fresca (picada)
- 3 cucharadas de mayonesa
- 3 huevos duros grandes (enfriados)
- 1 cucharada de perejil fresco (picado)
- 1 cucharadita de jugo de limón fresco
- 1 tallo pequeño de apio (cortado en dados)
- ¼ cucharadita de sal
- ¼ cucharadita de pimienta

## *Direcciones*

1. Pela y corta los huevos en dados y reserva en un pequeño tazón.

2. Agrega el apio, la mayonesa, el perejil, el jugo de limón, la sal y la pimienta. Mezcla todos los ingredientes.

3. Saca una lechuga fresca y colócala en un plato. Añade la mezcla encima.

4. Tu ensalada de huevo está lista.

# Sopa de huevo

A veces, es posible que sólo quieras tomar un poco de sopa durante el almuerzo. O tal vez te gustaría usar la sopa junto con otro plato. ¡Aquí está tu sopa de huevo saludable lista para llevar!

## *Ingredientes*

- 6 huevos grandes (batidos)
- 5 tazas de caldo de verduras
- 4 cubos de caldo vegetal
- 1 cucharada de pasta de ajo con chile
- ½ cebolla verde (en rodajas)

## *Direcciones*

1. Coloca una cacerola a fuego medio. Añade el caldo de verduras a la cacerola.

2. Tritura los cubos de caldo y mézclalos en el caldo de la cacerola.

3. Lleva a ebullición y agrega la pasta de ajo con chile.

4. Cocina hasta que hierva, luego retira del fuego.

5. Sacar el batidor y empezar a mezclar el caldo. A medida que la batas, agrega lentamente los huevos batidos.

6. Deja reposar los huevos durante unos 2 minutos y sírvelos con cebolla verde cortada en rodajas.

# Ensalada de primavera coronada con parmesano

La mayoría de las ensaladas de este libro son fáciles de preparar, así que puedes prepararlas para un bocado rápido, incluyendo esta, que combina el sabor de un vinagre de vino tinto y el sabor a nuez del parmesano para obtener un buen resultado.

## *Ingredientes*

- 4 onzas de verduras mixtas de primavera
- 2 cucharadas de vinagre de vino tinto
- 1 cucharada de mostaza Dijon
- ½ cebolla roja pequeña (en rodajas)
- ¼ cucharadita de extracto líquido de stevia, al gusto
- ¼ taza de piñones tostados
- ¼ taza de parmesano rallado
- ¼ cucharadita de sal
- ¼ cucharadita de pimienta

## *Direcciones*

1. En un recipiente pequeño, combina el vinagre de vino tinto y la mostaza. Bátelos para que estén bien mezclados.

2. Añadir la sal y la pimienta. Batir un poco el aderezo y añadir la stevia. Batir de nuevo.

3. En otro tazón, agrega las verduras de primavera, la cebolla roja, los piñones y el parmesano. Mezcla.

4. Vierte el aderezo de vinagre de vino tinto encima.

# Sopa de espinacas y coliflor

¿Qué tal un poco de sopa saludable para alegrarte el día? En esta sopa, tenemos los beneficios dobles de la espinaca y la coliflor mezclados con la cremosidad de la leche de coco.

## *Ingredientes*

- 8 onzas de espinaca bebé fresca (picada)
- 3 tazas de caldo de verduras
- 2 dientes de ajo (picados)
- 2 tazas de coliflor picada
- 1 cucharada de aceite de coco
- 1 cebolla amarilla pequeña (picada)
- ½ taza de leche de coco enlatada
- ¼ cucharadita de sal
- ¼ cucharadita de pimienta

## *Direcciones*

1. Coloca una cacerola a fuego medio a fuerte. Calentar el aceite en la cacerola y añadir la cebolla y el ajo.

2. Saltear durante 4-5 minutos hasta que estén dorados, luego agregar la coliflor.

3. Cocina por 5 minutos hasta que vea que la coliflor se vuelve marrón. Agrega las espinacas.

4. Deja que se cocine durante 2 minutos hasta que se marchite, luego añade el caldo y lleva a ebullición.

5. Retira la mezcla del fuego. Vierte todo en una licuadora y luego hacer puré la sopa. Licúa los ingredientes hasta que notes que quedan suaves.

6. Agrega la leche de coco, la sal y la pimienta. Mezcla de nuevo.

7. Vacía a un tazón y disfrútala caliente.

# Ensalada de espinacas y aguacate con almendras

¿Tienes menos tiempo del que se necesita para preparar una ensalada? Entonces, tenemos una receta que te ahorrará tiempo. Si tienes los ingredientes, la ensalada puede prepararse en cualquier lugar que desees.

## *Ingredientes*

- 4 tazas de espinaca bebé fresca
- 2 cucharadas de aceite de oliva
- 1 cucharada de vinagre balsámico
- 1 aguacate mediano, cortado en rodajas finas
- ½ cucharada de mostaza de Dijon
- ¼ taza de almendras en rodajas (tostadas)
- ¼ cucharadita de sal
- ¼ cucharadita de pimienta

## *Direcciones*

1. Mezcla en un tazón las espinacas junto con el aceite de oliva, el vinagre balsámico, la mostaza de Dijon, la sal y la pimienta. Asegúrate de mezclarlos bien.

2. Ya casi terminas con la ensalada.

3. Sólo tienes que dividirlos en dos platos por igual. Decora con almendras tostadas y aguacates.

# Ensalada picada rápida (cuando no puedes esperar)

¿Qué pasa si realmente tienes prisa y te gustaría acortar el tiempo de preparación de tu ensalada? Bueno, puedes usar la siguiente receta para preparar en una deliciosa ensalada aún más rápido que la receta anterior.

## *Ingredientes*

- 4 tazas de lechuga fresca picada
- 2 huevos duros (pelados y cortados en rodajas)
- 1 aguacate pequeño (deshuesado y picado)
- ½ taza de tomates cherry (cortados por la mitad)
- ½ taza de queso cheddar rallado
- ¼ taza de pepino picado

## *Direcciones*

1. Divide la lechuga entre dos platos de ensalada o tazones.

2. Cubre las ensaladas con cubitos de aguacate, tomate y apio.

3. Añadir el huevo en rodajas y el queso rallado.

4. Sirve las ensaladas con tu aderezo favorito que sea compatible con la dieta keto.

5. ¡Eso es todo! Bastante rápido, ¿no?

# Sándwich de aguacate, lechuga y tomate

A veces, todo lo que necesitas es un buen sándwich para almorzar. El aguacate y la lechuga añaden la textura perfecta al sándwich, mientras que la dulzura del tomate lo convierte en una maravillosa adición. ¿Y adivina qué? ¡Vamos a hacer el pan en nuestros hornos de confianza!

## *Ingredientes*

- 1 huevo grande (separado)
- 1 rodaja de tomate
- 1 onza de queso crema, ablandado
- ¼ cucharadita de crema tártara
- ¼ cucharadita de sal
- ¼ taza de aguacate rebanado
- ¼ taza de lechuga picada

## *Direcciones*

1. Comenzaremos con el pan primero. Precalienta el horno a 300°F (150°C).

2. Saca una bandeja de horno y forrarla con papel de horno.

3. En un bol, bate las claras de huevo con la crema de tártaro y sal hasta que se formen picos suaves.

4. En un recipiente aparte, agrega el queso crema y la yema de huevo hasta que estén suaves y de color amarillo pálido. Bate todos los ingredientes juntos.

5. Ahora toma las claras de huevo y añade suavemente en el segundo tazón poco a poco hasta que estén suaves y bien combinadas.

6. Saca la masa con una cuchara y repártela sobre el papel de horno en dos círculos iguales.

7. Hornea durante unos 25 minutos hasta que empieces a notar que el pan se ha vuelto firme y de color marrón claro.

8. Saca el pan y termina la preparación añadiendo el aguacate, la lechuga y el tomate.

# Cazuela de alcachofas y espinacas

Al añadir dos quesos diferentes a este plato, estás añadiendo una textura rica y cremosa mientras juegas con algunos sabores increíbles. El pimiento rojo le agregará ese toque picante sin ser demasiado para tus papilas gustativas. ¡Después de todo, queremos picar la lengua, no quemarla!

## *Ingredientes*

- 16 huevos grandes
- 2 tazas corazones de alcachofa
- 2 tazas de espinacas (limpias y bien escurridas)
- 1 taza de queso cheddar blanco
- 1 cucharadita de sal
- 1 diente de ajo (picado)
- ½ taza de queso parmesano
- ½ taza de queso ricotta
- ½ cucharadita de tomillo seco
- ½ cucharadita de pimiento rojo triturado
- ¼ taza de cebolla (picada)
- ¼ taza de leche

## *Direcciones*

1. Precalienta el horno a 350°F (180°C). Saca un molde para hornear y rocíalo con aceite en spray. Rompe los huevos en un recipiente grande y añade la leche. Bate bien los huevos para combinarlos.

2. Coge otro tazón y rompe los corazones de alcachofa en trozos pequeños. Separar las hojas. Utiliza toallas de papel para eliminar el exceso de líquido de las espinacas.

3. Añadir las alcachofas y las espinacas a la mezcla de huevo. Agrega todos los ingredientes restantes, excepto el queso ricotta, y revuelve para combinar.

4. Vierte la mezcla en el molde para hornear.

5. Reparte uniformemente el queso sobre la cazuela.

6. Pon la bandeja en el horno durante 30-35 minutos.

7. Para comprobar si la cazuela está bien cocida, saca el plato y agítalo un poco. Si el centro del plato no se sacude, ¡entonces ya tienes una cazuela bien cocida!

# ¡Sacudiendo a Shakshuka!

Shakshuka es una comida abundante que se puede disfrutar en cualquier momento, incluso durante el desayuno o la cena. ¡Incluso el nombre en sí mismo es divertido! Imagínate decirle a alguien que estás preparando shakshuka. Eso definitivamente elevará los niveles de curiosidad de cualquiera. No te preocupes por la pimienta que vamos a añadir. La salsa marinara dulce evitará que sea demasiado picante.

## *Ingredientes*

- 4 huevos
- 1 taza de salsa marinara
- 1 pimiento picante
- 1 cucharadita de albahaca fresca
- ¼ taza de queso feta
- ¼ cucharadita de comino
- ¼ cucharadita de sal
- ¼ cucharadita de pimienta

## *Direcciones*

1. Comienza por precalentar el horno a unos 400°F (200°C).

2. Coloca una sartén a fuego medio. Añadir la marinara y el pimiento en la sartén. Deja que el pimiento se cocine en la marina. Esto debería tomar unos 5 minutos.

3. Romper y añadir suavemente los huevos a la salsa marinara.

4. Luego, espolvorear sobre los huevos el queso feta y sazonar con sal, pimienta y comino. Asegúrate de distribuir el queso uniformemente sobre la marinara.

5. Normalment, te pedirán que transfieras la mezcla de marinara a una bandeja para hornear. Pero esta vez, no lo haremos. ¡Vamos a poner la sartén en el horno! Conveniente, ¿eh?

6. Deja que la sartén permanezca en el horno durante unos 10 minutos.

7. Una vez que hayas notado que los huevos están cocidos (pero todavía blandos), saca la sartén del horno.

8. ¡Y eso es todo! ¡Transfiere a un plato y disfruta!

# Buñuelos de queso y brócoli

Disfrutar de los buñuelos no significa que tengas que renunciar a los sabores. Sólo significa que vas a utilizar algunos ingredientes maravillosos y saludables para obtener resultados increíbles. ¡Para este plato, vamos a preparar el plato y también una salsa!

## *Ingredientes para los buñuelos*

- 7 cucharadas de harina de linaza
- 2 huevos grandes
- 2 cucharaditas de polvo de hornear
- ¾ taza de harina de almendras
- ½ taza de queso mozzarella
- ½ taza de brócoli fresco
- ¼ cucharadita de sal
- ¼ cucharadita de pimienta

## *Ingredientes para la salsa*

- ½ cucharada de zumo de limón
- ¼ taza de mayonesa
- ¼ taza de eneldo fresco picado
- ¼ cucharadita de sal
- ¼ cucharadita de pimienta

## *Direcciones*

1. Añade el brócoli a un procesador de alimentos. Procesa hasta que veas que se vuelve suave.

2. Vacía el brócoli en un tazón. Mezcla el queso, la harina de almendras, 4 cucharadas de harina de linaza y polvo de hornear con el brócoli.

3. Añadir los 2 huevos y mezclar bien todos los ingredientes hasta que todo esté bien integrado.

4. Elabora unas bolas con la masa. Cubre con un poco de harina de linaza. Continúa haciendo esto con la masa restante. Puedes usar una toalla de papel para poner los buñuelos de masa.

5. Es hora de sacar tu freidora. Precalienta a unos 375°F (190°C).

6. Saca la cesta y coloca los buñuelos de brócoli y queso dentro de ella. Asegúrate de no llenar demasiado.

7. Freír los buñuelos hasta que estén dorados, unos 3-5 minutos.

# Calabacines rellenos con Marinara

Hacer un calabacín relleno no es complicado, como se verá en este plato. La mejor parte es que puedes prepararlos para tus amigos o familiares y mostrar tus habilidades culinarias.

## *Ingredientes*

- 4 calabacines de tamaño mediano
- 1-½ tazas de salsa marinara
- ½ taza de queso de cabra
- 1 cucharadita de perejil picado

## *Direcciones*

1. Precalienta el horno a 400°F (200° C).

2. Corta el calabacín por la mitad a lo largo y retira las semillas, dejando el calabacín ahuecado.

3. Alista una bandeja para hornear con el papel para horno y luego coloca el calabacín encima.

4. Sazone con sal kosher y pimienta negra recién molida.

5. Usando la mitad del queso de cabra que tienes, esparce una pequeña cantidad en el fondo de cada calabacín.

6. Agrega la salsa marinara encima. Espolvorea el queso de cabra restante uniformemente sobre la salsa.

7. Coloca la bandeja en el horno y hornear los calabacines hasta que el queso de cabra esté blando y la marinara burbujee.

8. Esto suele tardar unos 10 minutos.

9. Estás listo para comer el calabacín o mostrar tus habilidades a los demás.

# Bistec de coliflor

Uno de los cambios que empiezas a notar en la dieta keto es el hecho de que si antes no te gustaba la coliflor, ahora empiezas a disfrutarla por la variedad de formas en que puedes cocinarla. Si antes ya te gustaba la coliflor, entonces esta receta va a crear un nuevo amor por la verdura.

## *Ingredientes*

- 4 cucharadas de mantequilla
- 2 cucharadas de mezcla de condimentos (tu favorito)
- 1 coliflor de cabeza grande
- 1 cucharadita de sal
- ¼ taza de queso parmesano
- ¼ cucharadita de pimienta

## *Direcciones*

1. Precalienta el horno a 400°F (200°C).

2. Si la coliflor tiene hojas, quítaselas.

3. Cortar la coliflor a lo largo, empezando por la parte superior y cortando todo el núcleo. Usando este método, corta rebanadas de coliflores que sean idealmente de 1 pulgada de grosor.

4. Derrite la mantequilla en el microondas. Sácala y añádele el condimento. Haz una pasta con la mantequilla.

5. Con un pincel, cubrir las coliflores con la mantequilla de especias.

6. Espolvorear con sal y pimienta.

7. Calienta una sartén antiadherente a fuego medio. Coloca los bistecs de coliflor en la sartén y cocínalos de 2 a 3 minutos o hasta que adquieran un tono marrón claro.

8. Una vez que un lado esté dorado, voltea los bistecs y cocina el otro lado.

9. Prepara una bandeja de hornear con un papel para horno. Coloca las coliflores en la bandeja para hornear.

10. Poner la bandeja en el horno y hornear las coliflores durante 15-20 minutos.

11. Sacar del horno, espolvorear con queso parmesano y servir caliente.

# Ensalada de col cremosa de lima

Esta ensalada de col es el acompañamiento perfecto para cualquiera de los platos de la cena que has visto aquí. Pero si estás de humor para algo ligero, entonces puedes comer esto solamente. El truco de este plato es la lima y el toque que añade a todos los sabores.

## *Ingredientes*

- 2 limas (jugosas)
- 1-½ tazas de ensalada de col
- 1-½ aguacates
- 1 diente de ajo
- 1 cucharadita de cilantro
- ½ cucharadita de sal
- ¼ taza de hojas de cilantro
- ¼ taza de agua

## *Direcciones*

1. En un procesador de alimentos agrega el ajo y el cilantro y mézclalos hasta que estén picados.

2. Agrega el jugo de lima, los aguacates y el agua. Continúa mezclando hasta que todo esté cremoso.

3. Retira la mezcla de aguacate y mézclela con la ensalada de col en un tazón grande. Será un poco espeso, pero cubrirá bien la ensalada.

4. Para obtener mejores resultados, refrigera por unas horas antes de comer para ablandar el repollo.

# Hummus de coliflor

Piensa en algunas de las recetas de aquí para la cena. ¿No sería mejor si hubiera algún tipo de salsa para acompañar? Tu deseo ha sido concedido.

## *Ingredientes*

- 3 tazas de ramilletes de coliflor cruda
- 3 dientes enteros de ajo
- 3 cucharadas de aceite de oliva extra virgen
- 3 cucharadas de jugo de limón
- 2 cucharadas de agua
- 2 dientes de ajo crudos (machacados - estos son dientes de ajo adicionales que se utilizarán por separado)
- 2 cucharadas de aceite de oliva extra virgen
- 1-½ cucharadas de pasta de tahini
- ¾ cucharadita de sal kosher
- ½ cucharadita de pimentón ahumado

## *Direcciones*

1. En un plato que sea seguro para el microondas combina la coliflor, el agua, 2 cucharadas de aceite de oliva, aproximadamente ½ cucharadita de sal kosher, y los 3 dientes de ajo enteros.

2. Coloca el recipiente en el microondas durante unos 15 minutos o hasta que se ablande y oscurezca su color.

3. Poner la mezcla de coliflor en una licuadora y licuar. Agrega la pasta de tahini, el jugo de limón, 2 dientes de ajo crudos, 3 cucharadas de aceite de oliva y el resto de la sal kosher. Mezcla todos juntos hasta que se vean suaves. Si deseas añadir más sabores, prueba el puré y realiza los ajustes necesarios.

4. Para servir, coloca el hummus en un bol y rocía con aceite de oliva extra virgen y un poco de pimentón molido. Usa rodajas finas de manzanas agrias, palitos de apio, rábano u otros vegetales para zambullir.

# Wrap Griego

Vamos a hacer un viaje a Grecia para familiarizarnos con su cocina (no es un juego de palabras). Vamos a ver una manera única de comer sus verduras.

### *Ingredientes para el wrap*

- 8 aceitunas kalamata enteras (cortadas a la mitad)
- 4 tomates cherry grandes (cortados a la mitad)
- 4 hojas grandes de col verde (lavadas)
- 1 pepino mediano (en rodajas)
- ½ pimiento rojo mediano (en rodajas)
- ½ taza cebolla morada (picada)
- ½ Bloque feta (cortado en tiras)

### *Ingredientes para la salsa tzatziki*

- 2 cucharadas de aceite de oliva
- 2 cucharadas de eneldo fresco picado
- 1 taza de yogur griego natural
- 1 cucharadita de ajo en polvo
- 1 cucharada de vinagre blanco
- ¼ taza de pepino (sin semillas y rallado)
- ¼ cucharadita de sal
- ¼ cucharadita de pimienta

## *Direcciones*

1. En un bol mezclar todos los ingredientes de la salsa tzatziki. Una vez mezclados, guardarlos en la nevera. Asegúrese de sacar toda el agua del pepino después de rallarlo.

2. Ahora vamos a preparar las envolturas de col verde. Empezamos lavando bien las hojas y recortando el tallo fibroso de cada hoja.

3. Extender 2 cucharadas de tzatziki en el centro de cada envoltura y esparcir la salsa por la superficie.

4. Agrega el pepino, el pimiento, la cebolla, las aceitunas, el feta y los tomates en el centro del wrap.

5. Envuelve el wrap como si estuvieras doblando un burrito. Si no has doblado un burrito antes, ¡entonces no te preocupes! Así es como se hace. Comienzas doblando cada lado hacia el centro. A continuación, se dobla el extremo redondeado sobre el relleno y se enrolla.

6. ¡Y eso es todo! ¡Puedes cortar el wrap por la mitad y servirlo con el tzatziki sobrante o envolverlo en plástico para una comida rápida a la hora del almuerzo!

# Sopa de calabacín y Gota de huevo

Esta sopa viene con una linda sorpresita. ¡Tiene fideos! De hecho, es posible que no creas de qué están hechos estos fideos. Todo el plato es abundante, lleno y con ese sabor a ajo picado.

## *Ingredientes*

- 8 tazas de caldo de verduras (dividido)
- 5 tazas de hongos shiitake (en rodajas)
- 5 cucharadas de salsa de soya baja en sodio
- 4 calabacines medianos y grandes
- 4 huevos grandes (batidos)
- 3 cucharadas de maicena
- 2 cucharadas de aceite de oliva extra virgen
- 2 tazas de agua (dividida en 1 taza)
- 2 cucharadas de jengibre picado
- 2 tazas de cebollines finamente rebanados (divididos)
- ½ cucharaditas de hojuelas de pimiento rojo
- ½ cucharaditas de sal
- ½ cucharaditas de pimienta

## *Direcciones*

1. Lo primero que tenemos que hacer es crear fideos de calabacín. Primero vamos a cortar las tapas del calabacín. Luego, corta el calabacín en dos mitades.

2. A continuación, vamos a pasar el calabacín por un Cortador de Verduras en Espiral. Una vez terminado, ¡tienes unos fideos muy buenos! Espera, ¿pensaste que íbamos a usar fideos comprados en la tienda? ¡De ninguna manera!

3. En una olla grande, calienta el aceite de oliva a fuego medio-alto.

4. Añade el jengibre picado y cocina, revolviendo, durante 2 minutos.

5. Añadir los hongos shiitake y una cucharada de agua y cocinar hasta que los hongos empiecen a sudar.

6. Agrega 7 tazas de caldo de verduras, el agua restante, las hojuelas de pimiento rojo, la salsa de tamari y 1-½ tazas de cebollines picados. Lleva a ebullición, revolviendo ocasionalmente.

7. Mientras tanto, mezcla el resto de la taza de caldo de verduras con la maicena y bate hasta que esté completamente suave.

8. Mientras revuelves la sopa, vierte lentamente los huevos batidos en un chorro fino. Continúa revolviendo hasta que todo el huevo esté incorporado.

9. Lentamente vierte la mezcla de maicena en la sopa y cocina por 4-5 minutos para espesar.

10. Sazona al gusto con sal y pimienta (normalmente añado sólo un poco de pimienta, y si estoy usando un caldo vegetal lleno de sodio, no necesito más sal).

11. Agrega los fideos espirales de calabacín a la olla y cocina, revolviendo, durante unos 2 minutos, o hasta que los fideos estén suaves y flexibles (¡recuerda que continuarán cocinándose en tu tazón!).

12. Servir cubierto con el resto de los cebollines.

13. ¿Quién iba a pensar que los fideos se podían hacer con calabacín?

# **Curry Rojo Vegetariano**

¿Has oído hablar del curry rojo tailandés? ¿Alguna vez lo has probado? Bueno, bienvenido al mundo del curry rojo vegetariano. Oh, y seguirá incluyendo el sabor a coco tan popular entre los curry rojos tradicionales.

## *Ingredientes*

- 4 cucharadas de aceite de coco
- 2 cucharaditas de salsa de soja
- 1 taza de ramilletes de brócoli
- 1 cucharadita de ajo picado
- 1 cucharada de pasta de curry rojo
- 1 cucharadita de jengibre picado
- 1 puñado grande de espinacas
- ½ taza de crema de coco (o leche de coco)
- ¼ Cebolla mediana

## *Direcciones*

1. Poner una sartén a fuego medio y añadir unas 2 cucharadas de aceite.

2. Cuando el aceite esté caliente, añade la cebolla a la sartén y deja que chisporrotee. Dejar cocer durante 3-4 minutos para que se caramelice y se vuelva semitransparente.

3. Una vez que esto suceda, agrega el ajo a la sartén y deja que se dore un poco. Esto normalmente tarda unos 30 segundos.

4. Baja el fuego a medio-bajo y agrega los ramilletes de brócoli a la sartén. Revuelve todo bien. Deja que el brócoli tome los sabores de la cebolla y el ajo. Esto debería tomar de 1 a 2 minutos.

5. Mueve todo en la sartén a un lado y agrega 1 cucharada de pasta de curry roja. Quieres que golpee el fondo de la sartén para que todos los sabores puedan ser liberados de las especias.

6. Una vez que la pasta de curry roja empiece a oler picante, mezcla todo de nuevo y añade un puñado grande de espinacas por encima.

7. Dejar que las espinacas se marchiten un poco. Una vez hecho esto, añadir la leche de coco y mezclar todo bien.

8. Revuelve todo junto y luego agrega las 2 cucharadas restantes de aceite de coco, 2 cucharadas de salsa de soja y jengibre picado. Deja que todos los ingredientes se cocinen a fuego lento durante 5-10 minutos, dependiendo de cuán espesa quieras la salsa.

9. Eso es todo. Sacar el plato y servir. Puedes complementar fácilmente el curry rojo con la receta de los buñuelos que se mencionó anteriormente.

# Capítulo 5: La bondad de una cena deliciosa

La hora de la cena se trata de sentarse frente a una deliciosa comida. Puedes elegir comer la comida solo o mientras ves tu película favorita.

Lo importante es que tengas algo que no sólo llene tu estómago hasta el día siguiente, sino que no te haga sentir hinchado (lo cual no es algo que quieras experimentar justo antes de irte a la cama).

Abajo, veras algunas recetas cuidadosamente seleccionadas para la cena que pueden ir bien por sí solas o junto con tu receta favorita de batidos del Capítulo 3.

Adelante a los maravillosos secretos de la cena y a los platos de buen gusto.

# Champiñones al Horno al Estilo Italiano

A todo el mundo le encantan los hongos. Así que traigamos los sabores de Italia a este plato que realmente parece simple de preparar pero que tiene tanto en él. El resultado final: algo hermoso y delicioso.

## *Ingredientes*

- 4 hongos Portobello
- 2 cucharadas de ghee
- 2 cucharadas de albahaca fresca
- 1 taza de queso parmesano rallado
- 1 lata grande de tomates (sin azúcar)
- 1 cucharada de perejil fresco
- 1 cucharadita de orégano seco
- ¼ cucharadita de sal (2 cucharadas de ¼ cada una - 1 para los hongos y 1 más tarde para los tomates enlatados)
- ¼ cucharadita de pimienta

## *Direcciones*

1. Precalienta el horno a 400°F (200°C).

2. A continuación, limpia los champiñones y córtalos como desees.

3. Saca una sartén antiadherente y colócala a fuego medio. Añadir el ghee en la sartén.

4. Agregar los hongos a la sartén y sazonar con sal y pimienta. Mezclar todo y dejar cocer los ingredientes durante unos 5 minutos.

5. Sacar una bandeja de horno y colocar las setas en su interior.

6. Lava la albahaca, el perejil y el orégano. Córtalos bien.

7. En un recipiente, agrega los tomates enlatados y cubre con las hierbas que acabas de picar. Añade el resto de la sal.

8. Esparce todo con tu parmesano rallado.

9. Coloca la bandeja en el horno durante unos 25 minutos.

10. Después de eso, sácala y colócala en una rejilla de enfriamiento o en cualquier otra superficie para que se enfríe durante un par de minutos.

## **Espinaca Ricotta al horno**

¿Por qué no enloquecer por un poco de ricotta? Y ya que estamos en eso, ¿por qué no añadir dos tipos más de queso para que la fiesta más cursi empiece en tus papilas gustativas?

### *Ingredientes*

- 4 tazas de espinacas congeladas
- 2 huevos
- 2 tazas de ricotta
- 1 diente de ajo (finamente picado)
- 1 cucharada de aceite de oliva extra virgen
- 1 cucharadita de caldo orgánico en gránulos
- ½ cucharadita sal
- ½ cucharadita de nuez moscada
- ½ cucharadita de pimentón
- ½ cucharadita de pimienta
- ½ taza mozzarella
- ¼ taza de crema de leche doble
- ¼ taza de parmesano

### *Direcciones*

1. Toma el wok y colócalo a fuego medio-alto. Añadir el aceite de oliva.

2. Agrega la espinaca, el ajo, el caldo en gránulos, la pimienta, la nuez moscada y el pimentón.

3. Revuelve y cocina hasta que los ingredientes se

vean secos. Deja el wok para que se enfríe.

4. Precalienta el horno a 400°F (200°C).

5. Ahora lleva los huevos a un tazón y bátelos.

6. Añada la ricotta y bate de nuevo. Añadir la crema y seguir batiendo.

7. Añade ¼ de sal, las espinacas del wok (que ya deberían estar frías), la mitad del parmesano y toda la mozzarella.

8. Revuelve todo junto. Ahora saca una bandeja de hornear y coloca los ingredientes en ella.

9. Usa una cuchara para nivelar la superficie. Añade el resto del parmesano uniformemente por encima.

10. Hornea durante unos 40-50 minutos o hasta que la capa superior adquiera un color dorado.

11. Una vez hecho esto, sacar el plato y servir.

## Pizza de clara de huevo

Si estás planeando una fiesta de pizza, olvídate de comprarlas de la cadena local, donde es más probable que vaya a estar lleno de una gran cantidad de grasa. En su lugar, prueba esta opción saludable.

### *Ingredientes*

- 2 cucharadas de aceite de oliva extra virgen
- 2 cucharadas de salsa Alfredo rápida a base de huevo
- 2 huevos grandes
- 2 cucharadas de queso Monterey Jack (rallado)
- 1 cucharada de agua
- 1 cucharada de cebolla verde (picada)
- ½ cucharadita de comino
- ½ cucharadita de sal Kosher
- ½ cucharadita de pimienta
- ½ jalapeño encurtido (picado)

### *Direcciones*

1. Comience por precalentar el horno a 350°F (180°C).

2. Coloca una sartén a fuego medio-alto. Añadir el aceite de oliva. Distribuye el aceite por los lados de la sartén lo mejor que puedas.

3. En un tazón, agrega comino, sal kosher y pimienta a los huevos. Añadir el agua y batir con un tenedor o un batidor hasta que quede espumosa.

4. Verter los huevos en la sartén y cocinarlos hasta que los huevos estén firmes en el fondo.

5. Puedes notar que la parte superior puede verse un poco tambaleante. ¡Pero eso está bien! Seguirán estando un poco húmedos y tambaleantes en la parte superior.

6. Añadir la salsa Alfredo rápida de huevo y la mitad del jalapeño en escabeche picado. Añade el queso rallado y la cebolla verde. Mezclarlas todas bien.

7. A continuación, coloca la sartén en el horno, preferiblemente en la rejilla superior.

8. Hornea de 3 a 5 minutos.

9. ¡Sácalo y disfrútalo!

# Hongos Asados con Feta, Hierbas y Pimiento Rojo

A todo el mundo le encantan los hongos. Así que traigamos los sabores de Italia a este plato que realmente parece simple de preparar pero que tiene tanto en él. El resultado final: algo hermoso para mirar y delicioso para el paladar.

## *Ingredientes*

- 12 onzas de pimiento rojo asado en tarro (escurrido y picado en trozos pequeños)
- 4 cucharadas de aceite de oliva extra virgen
- 3 cucharadas de jugo de limón fresco
- 2 cucharadas de menta fresca (picada)
- 2 cucharadas de orégano fresco (picado)
- 2 tazas de hongos marrones frescos
- ½ cucharadita de sal
- ½ cucharadita de pimienta
- ¼ ¼ taza de queso feta

## *Direcciones*

1. Comienza por precalentar el horno a 450°F (230°C). Saca una bandeja para asar y cúbrela con papel de aluminio.

2. Toma un tazón pequeño y mezcla aproximadamente 2 cucharadas de aceite de oliva, jugo de limón, pimiento rojo, menta y

orégano. Mezclar bien todos los ingredientes y reservar para marinar.

3. Lavar los champiñones y cortarlos en cuartos.

4. Corta los hongos grandes en cuartos. Toma otro tazón y añade los hongos, las 2 cucharadas restantes de aceite, sal y pimienta.

5. Coloca los hongos en la bandeja para asar. Pon la sartén en el horno.

6. Deja que los hongos se asen durante unos 15 minutos o hasta que los hongos empiecen a dorarse.

7. Sacar la sartén, dar la vuelta a los champiñones y asarlos unos 5 minutos más. En este punto, los hongos deben estar dorados por todas partes. Si no es así, colócalos en el horno y ásalos de nuevo durante otros 3 minutos.

8. Vuelve a colocar los hongos en el recipiente del que los sacaste. Agrega la mezcla de pimiento rojo en el tazón y mezcle bien.

9. Colocar los champiñones en un plato. Espolvorear el queso feta por encima y servir.

# Hachís de berenjena, al estilo marroquí

Más hachís para ti, pero esta vez, vamos a probarlo al estilo marroquí. ¿Suena aventurero? Entonces empecemos.

## *Ingredientes*

- 4 dientes de ajo (picados)
- 2 cucharadas de ghee
- 2 pimientos rojos pequeños (sin semillas y en cubos)
- 1 berenjena grande (pelada, cortada en cubos y salada)
- 1 cebolla roja mediana (picada)
- ½ cucharadita de canela molida
- ½ cucharadita de semillas de cilantro
- ½ cucharadita de polvo de cayena
- ½ cucharadita de sal
- ½ cucharadita de pimienta
- ¼ taza de almendras tostadas
- ½ taza de tomates secados al sol
- ¼ taza de hojas de menta fresca

## *Direcciones*

1. Precalienta una sartén grande para saltear o un wok a fuego alto. Agrega el aceite y revuelve para cubrir la sartén. Agrega rápidamente la berenjena y los pimientos. Agrega sal y pimienta.

2. Mezcla las verduras en la sartén para cubrirlas con el aceite, luego déjalas reposar en la sartén y déjalas reposar durante aproximadamente 1 minuto. Asegúrate de que estén distribuidas uniformemente en el fondo de la sartén y no apiladas en una parte. Mézclalas y sepáralas para que cuezan durante un minuto más.

3. Después de 2 a 3 minutos, agrega las cebollas y el ajo, luego mezcla los ingredientes y déjalos reposar durante 2 minutos más. Sazonar con un poco de sal y pimienta y luego mezclar y esparcir, y deja que los vegetales se doren por uno o dos minutos más.

4. Añade las almendras, los tomates secos y las hojas de menta fresca. Mezclar bien los ingredientes. Sólo quieres calentar los nuevos ingredientes. No necesitan más cocción.

5. Prueba tu hachís. Si necesita un poco más de sal y pimienta, añádelo. Por último, espolvorear las especias sobre todos los ingredientes, mezclar todo.

6. ¡Servir caliente!

# Falafel con salsa de tahini

Esta delicia de Oriente Medio es el sueño de un vegetariano hecho realidad. También puedes encontrarlos en los sándwiches o wraps. Pero esta vez, vamos a disfrutarlos solos, con una generosa porción de salsa de tahini.

## *Ingredientes para el Falafel*

- 3 cucharadas de harina de coco
- 2 cucharadas de perejil fresco (picado)
- 2 huevos grandes
- 1 taza de coliflor cruda (en puré)
- 1 cucharadita de sal Kosher
- 1 cucharada de comino molido
- 1 cucharada de aceite de oliva
- 1 diente de ajo (picado)
- ½ taza de almendras cortadas en tiras
- ½ cucharada sopera de cilantro molido
- ½ cucharadita de pimienta de cayena

## *Ingredientes para la salsa de tahini*

- 3 cucharadas de agua
- 2 cucharadas de pasta de tahini
- 1 cucharada de jugo de limón
- 1 diente de ajo (picado)
- ½ cucharadita de sal

## *Direcciones*

1. En primer lugar, picar la coliflor y añadirla a la licuadora. Licúa hasta que todos los ingredientes estén mezclados y la mezcla quede suave.

2. Añade también las almendras, pero asegúrate de no molerlas demasiado, ya que deseas que la textura sea crujiente.

3. Sacar un cuenco mediano y luego combinar la coliflor molida y las almendras molidas. Añadir el resto de los ingredientes y mezclarlos muy bien.

4. Sacar una sartén y ponerla a fuego medio. Añadir el aceite de oliva y calentar. Mientras se calienta, toma la mezcla de coliflor molida y crea 8 hamburguesas de 3 pulgadas de ancho.

5. Freírlas cuatro a la vez hasta que estén doradas por un lado y luego voltearlas y cocinar el otro lado. Una vez que estén hechas, pásalas a un plato.

6. Para la salsa de tahini, simplemente combina todos los ingredientes en una licuadora y mézclalos hasta que estén suaves.

7. Sirve el plato con salsa de tahini.

## Quiche de espárragos

Cuando llega el momento de hacer quiches rápidos, entonces nada se acerca a esta receta. El parmesano y la mozzarella complementan las espinacas y los espárragos que van en el plato.

### *Ingredientes*

- 8 onzas de espárragos (cocidos)
- 6 huevos (batidos)
- 2-½ taza de queso mozzarella (rallado)
- 2 tazas de hojas de espinaca bebé
- 2 cucharadas de queso parmesano (rallado)
- 2 dientes de ajo (picados)
- ½ cucharadita de sal
- ½ cucharadita de pimienta

### *Direcciones*

1. Precalienta el horno a unos 375°F (180°C).

2. Sacar un molde para tarta y engrasarlo ligeramente con aceite en spray.

3. Combine los huevos con 2 tazas de queso mozzarella rallado y ajo en un recipiente. Mezclar todo bien.

4. Sacar ¼ de la mezcla de huevo y reservarla por ahora.

5. En el resto de la mezcla de huevos, revuelve las hojas de la espinaca y vierte en el molde preparado. Coloca los espárragos sobre la mezcla de huevo en el molde.

6. Tomar la mezcla de huevo que se había reservado y verter la mezcla sobre los espárragos.

7. Añade el resto de la mozzarella y todo el queso parmesano por encima.

8. Inserta el molde en el horno y hornea durante 30 minutos o hasta que note que los bordes comienzan a dorarse.

## **Pasta Mediterránea**

El Mediterráneo evoca imágenes del sol, las playas y aguas claras. Prepárate para dar vida a esas imágenes con esta receta de pasta.

### *Ingredientes*

- 10 aceitunas kalamata (cortadas a la mitad)
- 5 dientes de ajo (picados)
- 2 calabacines grandes (cortados en espiral)
- 2 cucharadas de aceite de oliva
- 2 cucharadas de alcaparras
- 2 cucharadas de perejil (picado)
- 2 cucharadas de mantequilla
- 1 taza de espinacas (envasadas)
- ½ cucharadita de sal
- ½ cucharadita de pimienta
- ¼ taza de tomates secos
- ¼ taza de queso parmesano (rallado)
- ¼ taza de queso feta (desmenuzado)

### *Direcciones*

1. Coloca una olla grande a fuego medio. Agrega el calabacín, la espinaca, el aceite de oliva, la mantequilla, el ajo, la sal y la pimienta. Saltea hasta que el calabacín esté tierno y las espinacas estén marchitas. Drena el exceso de líquido.

2. En la olla, agrega los tomates secos, las alcaparras, el perejil y las aceitunas kalamata. Mezclar y saltear durante 2-3 minutos.

3. Retira del fuego y mezcla todos los ingredientes con queso parmesano y queso feta antes de servir.

# **Risotto con queso**

Este risotto exuda toda la bondad del queso. Lo que lo hace sobresalir es el sabor añadido de la mostaza Dijon que resalta los sabores de todos los ingredientes en el plato.

### *Ingredientes*

- 3 cucharadas de cebollino recién picado
- 1 coliflor mediana
- 1 cebolla blanca pequeña (picada)
- 1 taza de caldo vegetal
- 1 cucharadita de mostaza Dijon
- 1 taza de queso cheddar (rallado)
- 1 taza de queso parmesano (rallado)
- ½ cucharadita de sal
- ½ cucharadita de pimienta
- ¼ taza ghee

### *Direcciones*

1. Vamos a hacer primero el arroz de coliflor. Si la coliflor tiene hojas, quítalas primero y ponla en un procesador de alimentos. No vas a hacer una pasta suave de ella. Más bien, vas a procesar la coliflor en pedacitos diminutos.

2. Una vez hecho esto, saca una olla grande y colócala a fuego medio. Engrasar la sartén con ghee o mantequilla. Una vez caliente, agrega la cebolla finamente picada y cocina hasta que esté ligeramente dorada.

3. Añadir el arroz de coliflor y mezclar bien todos los ingredientes.

4. Cocina por unos minutos y vierte el caldo de verduras. Cocina por otros 5 minutos o hasta que el arroz de coliflor esté tierno. Mientras tanto, ralla el queso cheddar y el queso parmesano.

5. Agrega la mostaza en la olla, revuelva los ingredientes y retira el fuego.

6. Añadir el queso rallado y mezclar bien. Guarda un poco de queso parmesano para adornar. Añade el cebollino recién picado y guarda un poco para adornar. Añadir la sal y la pimienta.

7. Finalmente, coloca el risotto en tazones para servir y cubre con el resto del queso parmesano y el cebollino.

# Capítulo 6: Bocadillos y postres deliciosos

¡Es hora de llegar al punto dulce! Qué mejor manera de hacerlo que entregarse a una dulce bondad y a unos bocadillos que te harán preguntarte: "¿Por qué no probé esto antes?"

# Coliflor con salsa de tzatziki

¿Te gustan las coliflores? Entonces, ¿por qué no los complementa con un dip?

## *Ingredientes*

- 2 tazas de flores de coliflor
- 2 cucharadas de cebollino (picado)
- 1 taza de crema agria
- 1 cucharada de condimento ranch
- 1 pepino (cortado en dados)
- ½ Paquete de queso crema

## *Direcciones*

1. Saca el batidor eléctrico.

2. Agrega el queso crema y bate hasta que se vea suave y cremoso. También puedes batirlo manualmente si quieres.

3. Agrega el condimento ranch y la crema agria, luego continúa batiendo por un par de minutos.

4. Añadir el cebollino y los pepinos. Colócalo en el refrigerador por lo menos media hora antes de servir.

# Nueces de macadamia tostadas al curry

¿Disfrutas tanto del curry que te preguntas si puedes hacer algo rápidamente sin tener que recurrir a un plato complejo? Tu deseo ha sido concedido. Este plato crujiente se puede comer con cualquier receta de almuerzo o cena.

## Ingredientes

- 2 tazas de nueces de macadamia (preferiblemente crudas)
- 1-½ cucharadas de aceite de oliva
- 1 cucharada de curry en polvo
- ½ cucharadita de sal

## Direcciones

1. Precalienta el horno a 300°F (150°C). Sacar una bandeja de horno y forrarla con papel para horno.

2. Batir el aceite de oliva, el curry en polvo y la sal en un recipiente.

3. Agrega las nueces de macadamia para cubrirlas y luego extiéndalas sobre la bandeja para hornear.

4. Hornea durante 25 minutos hasta que estén tostadas y luego deja enfriar a temperatura ambiente.

# Pudín de chía y coco

La mejor parte del pudín es que puedes disfrutarlo en cualquier momento. Este pudín se puede colocar en la nevera y se puede tomar siempre que se quiera disfrutar de un bocadillo delicioso.

## *Ingredientes*

- 2-¼ taza de leche de coco enlatada
- 1 cucharadita de extracto de vainilla
- 1 cucharadita de stevia líquida
- ½ cucharadita de sal
- ½ taza de semillas de chía

## *Direcciones*

1. Saca un tazón y combina la leche de coco, la vainilla y la sal.

2. Revuelve bien y endulza con la stevia.

3. Agrega las semillas de chía y deja enfriar durante la noche.

4. Distribuye en tazones y sirve con nueces o frutas picadas.

# Brownies de Mantequilla de Almendra con Chocolate

¿A quién no le gustan los brownies con chocolate? En estos brownies, dejas que el amargor del chocolate complemente la suavidad de la mantequilla y el crocante de las almendras.

## *Ingredientes*

- 2 huevos grandes
- 1 taza de harina de almendras
- 1 taza de aceite de coco
- 1-½ cucharaditas de stevia líquida
- ¾ taza de cacao en polvo sin azúcar
- ½ ½ taza de coco rallado sin azúcar
- ½ cucharadita de bicarbonato de sodio
- ½ taza de leche de coco enlatada
- ¼ taza de mantequilla de almendras

## *Direcciones*

1. Precalienta el horno a 350°F (180°C). Saca una bandeja para hornear y cúbrela con papel de aluminio.

2. Mezclar la harina de almendras, el cacao en polvo, el coco y el bicarbonato de soda en un recipiente.

3. En otro recipiente, bate el aceite de coco, la leche de coco, los huevos y la stevia líquida.

4. Mezcla los ingredientes húmedos con los secos hasta que se integren, luego esparce en la bandeja.

5. Derrite la mantequilla de almendra en el microondas hasta que esté cremosa.

6. Rocía sobre la masa de chocolate y luego revuélvela suavemente con un cuchillo.

7. Hornea de 25 a 30 minutos hasta que el centro esté firme, luego enfría completamente y corta en 16 trozos iguales.

## Pan de Canela

Hay algo acerca de tener una combinación dulce y picante de pan de canela. Puedes combinar el pan con la receta de brownies que acabamos de ver.

### *Ingredientes*

- 6 cucharadas de leche de coco enlatada
- 3 cucharadas de aceite de coco derretido
- 3 huevos grandes (batidos)
- 2 cucharadas de agua
- 1-¼ cucharadita de canela en polvo
- 1 cucharadita de bicarbonato de sodio
- 1 cucharadita de vinagre de sidra de manzana
- 1 cucharadita de stevia líquida
- ½ taza de harina de coco
- ½ cucharadita de sal
- ¼ cucharadita de polvo de hornear

### *Direcciones*

1. Precaliente el horno a 350°F (180°C). Saca un molde de pan y engrásalo ligeramente con aceite en spray.

2. Mezcla la harina de coco, la canela, el bicarbonato de soda, el polvo de hornear y la sal en un recipiente.

3. En otro recipiente, bate la leche de coco, el aceite, el agua, el vinagre y los huevos.

4. Mezclar los ingredientes húmedos con los secos y endulzar a gusto con la stevia.

5. Extiende la mezcla en la bandeja y hornea de 25 a 30 minutos, luego deja enfriar.

# Galletas de merengue de limón

Un poco de dulce y mucha ralladura de limón para hacer de esta galleta una de las favoritas de los fanáticos.

## *Ingredientes*

- 4 claras de huevo
- 1 cucharadita de stevia líquida
- ½ cucharadita de extracto de limón
- ¼ cucharadita de sal

## *Direcciones*

1. Precalienta el horno a 225°F (110°C). Sacar una bandeja de horno y forrarla con papel para horno.

2. Batir las claras de huevo en un bol hasta que se formen picos suaves.

3. Agrega la sal y la stevia, luego bate hasta que se formen picos rígidos.

4. Incorporar el extracto de limón. Toma una manga de repostería y coloca todos los ingredientes en ella.

5. Coloca la mezcla en la bandeja para hornear en pequeños círculos.

6. Hornea de 50 a 60 minutos hasta que se seque.

7. Una vez hecho esto, saca la bandeja del horno y deja que se enfríe antes de servir.

# **Macarrones de coco**

Me gusta pensar que los macarrones son unas galletitas deliciosas. Pero, ¿cómo se puede preparar unos que se mantengan fiel al espíritu de los macarrones y aun así se las arreglen para ser únicos? Esto se hace mediante esta receta.

## *Ingredientes*

- 3 claras de huevo grande
- 2 cucharadas de eritritol en polvo
- 1 cucharada de aceite de coco
- 1 cucharadita de extracto de vainilla
- ½ taza de coco rallado sin azúcar
- ½ cucharadita de extracto de coco
- ¼ taza de harina de almendras

## *Direcciones*

1. Precaliente el horno a 400°F (200°C). Sacar una bandeja de horno y forrarla con papel para horno.

2. Mezcle la harina de almendras, el coco y el eritritol en un recipiente. Mezclar bien.

3. En un recipiente aparte, agrega el aceite de coco, luego añade los extractos (vainilla y coco).

4. Mezclar las mezclas del primer y del segundo recipiente.

5. Batir las claras de huevo en un bol hasta que se formen picos rígidos, luego vaciar suavemente en la masa.

6. Coloca con una cuchara en la bandeja para hornear en montones de tamaño uniforme.

7. Hornea durante 7-9 minutos hasta que los macarrones estén dorados en los bordes.

# **Helado de Vainilla con Coco**

Esta comida reconfortante viene con el delicioso sabor del coco. Y si te preguntas si es difícil de hacer, entonces no te preocupes.

## *Ingredientes*

- 2 tazas de leche de coco enlatada (dividida)
- 1 cucharada de aceite de coco
- 1 cucharadita de extracto de vainilla
- ½ cucharadita de stevia líquida

## *Direcciones*

1. Coloca una cacerola a fuego medio. Añade el aceite de coco. Luego bate la mitad de la leche de coco.

2. Deja hervir, luego reduce el fuego y cocina a fuego lento por 30 minutos.

3. Vierte en un recipiente y endulza con la stevia, luego deja enfriar a temperatura ambiente.

4. Añade el extracto de vainilla y vierte el resto de la leche de coco en un recipiente.

5. Batir la leche de coco hasta que se formen picos rígidos, luego vaciar suavemente en la otra mezcla.

6. Vacía con una cuchara en un molde de pan y congela hasta que esté firme.

# Galletas de jengibre

¿Por qué añadir jengibre como una pequeña parte de la comida cuando puede ser el componente principal de la misma? Presentando, ¡las galletas de jengibre!

## *Ingredientes*

- 1 taza de mantequilla de coco
- 1 huevo grande
- 1 cucharadita de extracto de vainilla
- ½ taza de eritritol en polvo
- ½ cucharadita de jengibre molido
- ½ cucharadita de bicarbonato de sodio
- ¼ cucharadita de nuez moscada en polvo
- ¼ cucharadita de sal

## *Direcciones*

1. Precaliente el horno a 350°F (180°C). Forra una bandeja de horno con papel para horno.

2. Coloca la mantequilla de coco en un procesador de alimentos con el huevo y la vainilla.

3. Mezcla hasta que esté suave y luego agregue el eritritol, el jengibre, el bicarbonato de sodio, la nuez moscada y la sal.

4. Pulsar hasta que se forme una masa y luego formar 16 bolitas.

5. Coloca las bolas en la bandeja para hornear y aplánalas ligeramente.

6. Hornear durante 12-15 minutos hasta que los bordes estén dorados y luego enfriar.

# Capítulo 7: El plan de comidas de 28 días

Tantas recetas deliciosas para elegir, pero ¿cómo se puede planificar la comida de tal manera que se pueda disfrutar de todos los platos y, al mismo tiempo, repartirlos muy bien en el transcurso de una semana?

Bueno, afortunadamente, tienes este plan de comidas de 28 días para ayudarte. Sí, los helados también están incluidos. Y el chai. Y las galletas. Y el..., bueno, entiendes el punto.

## Semana 1

| Día | Desayuno | Almuerzo | Merienda | Cena |
|---|---|---|---|---|
| 1 | Panqueques Keto de queso crema suave | Ensalada vegetariana de tacos con aderezo de aguacate y limón | Nueces de macadamia tostadas al curry | Champiñones al Horno al Estilo Italiano |
| 2 | Muffins de Almendra con Mantequilla | Ensalada de huevo sobre lechuga | Pudín de chía y coco | Espinaca Ricotta al horno |
| 3 | Tortilla Clásica, Estilo Keto! | Ensalada de primavera coronada con parmesano a la parmesana | Brownies de Mantequilla de Almendra con Chocolate | Pizza de huevo blanco |
| 4 | Panqueques de proteína con un toque de canela | Ensalada de espinacas y aguacate con almendras | Pan de Canela | Hongos Asados con Feta, Hierbas y Pimiento Rojo |

| Día | Desayuno | Almuerzo | Merienda | Cena |
|---|---|---|---|---|
| 5 | Waffle crujiente de Chai | Ensalada picada rápida | Galletas de merengue de limón | Hachís de berenjena, al estilo marroquí |
| 6 | Muffins de huevo con tomate y mozzarella | Sándwich de aguacate, lechuga y tomate | Macarrones de coco | Quiche de espárragos |
| 7 | Huevos revueltos con espinacas y parmesano | Cazuela de alcachofas y espinacas | Helado de Vainilla con Coco | Pasta Mediterránea |

## Semana 2

| Día | Desayuno | Almuerzo | Merienda | Cena |
|---|---|---|---|---|
| 8 | Waffles de canela | ¡Sacudiendo a Shakshuka! | Galletas de jengibre | Falafel con salsa de tahini |
| 9 | Waffles con especias de calabaza | Buñuelos de queso y brócoli | Helado Francés | Risotto con queso |
| 10 | Avena de Canela y Especias Keto | Calabacines rellenos con Marinara | Brownies de Mantequilla de Almendra con Chocolate | Espinaca Ricotta al horno |
| 11 | Desayuno Fiesta Mexicana Keto | Toma de bistec de coliflor | Pan de Canela | Pizza de huevo blanco |

| | | | | |
|---|---|---|---|---|
| 12 | Desayuno Shufflin' Soufflé | Ensalada de col cremosa de lima | Nueces de macadamia tostadas al curry | Hongos Asados con Feta, Hierbas y Pimiento Rojo |
| 13 | Hash Browns de Coliflor | Wrap Griego | Pudín de chía y coco | Hachís de berenjena, al estilo marroquí |
| 14 | Panquequés Keto de queso crema suave | Sopa de calabacín y Gota de huevo | Galletas de merengue de limón | Champiñones al Horno al Estilo Italiano |

# Semana 3

| Día | Desayuno | Almuerzo | Merienda | Cena |
|-----|----------|----------|----------|------|
| 15 | Huevos revueltos con espinacas y parmesano | Sándwich de aguacate, lechuga y tomate | Macarrones de coco | Falafel con salsa de tahini |
| 16 | Muffins de huevo con tomate y mozzarella | Cazuela de alcachofas y espinacas | Helado de Vainilla con Coco | Risotto con queso |
| 17 | Waffle crujiente de Chai | Ensalada de espinacas y aguacate con almendras | Pan de Canela | Espinaca Ricotta al horno |
| 18 | Panqueques de proteína con un toque de canela | Ensalada picada rápida | Nueces de macadamia tostadas al curry | Champiñones al Horno al Estilo Italiano |

| Día | Desayuno | Almuerzo | Merienda | Cena |
|---|---|---|---|---|
| 19 | Tortilla Clásica, Estilo Keto | Ensalada de huevo sobre lechuga | Pudín de chía y coco | Espinaca Ricotta al horno |
| 20 | Muffins de Almendra con Mantequilla | Ensalada de primavera coronada con parmesano a la parmesana | Brownies de Mantequilla de Almendra con Chocolate | Pizza de huevo blanco |
| 21 | Waffles con especias de calabaza | Ensalada vegetariana de tacos con aderezo de aguacate y limón | Pan de Canela | Hongos Asados con Feta, Hierbas y Pimiento Rojo |

## Semana 4

| Día | Desayuno | Almuerzo | Merienda | Cena |
|---|---|---|---|---|
| 22 | Panqueques Keto de queso crema suave | Wrap Griego | Brownies de Mantequilla de Almendra con Chocolate | Pizza de huevo blanco |
| 23 | Hash Browns de Coliflor | Sopa de calabacín y Gota de huevo | Pan de Canela | Hongos Asados con Feta, Hierbas y Pimiento Rojo |
| 24 | Desayuno Shufflin' Soufflé | Bistec de coliflor | Nueces de macadamia tostadas al curry | Hachís de berenjena, al estilo marroquí |
| 25 | Desayuno Fiesta Mexicana Keto | Ensalada de col cremosa de lima | Galletas de jengibre | Champiñones al Horno al Estilo Italiano |

| 26 | Keto Avena Canela y Especias | Buñuelos de queso y brócoli | Helado Francés | Espinaca Ricotta al horno |
| --- | --- | --- | --- | --- |
| 27 | Waffle crujiente de Chai | Calabacines rellenos con Marinara | Brownies de Mantequilla de Almendra con Chocolate | Falafel con salsa de tahini |
| 28 | Muffins de huevo con tomate y mozzarella | ¡Sacudiendo a Shakshuka! | Macarrones de coco | Risotto con queso |

NOTA: Puedes tomar una taza de café negro sin azúcar por la mañana si lo deseas. Aquí hay otras bebidas que puedes tomar con tu desayuno:

- Latte con especias Keto
- Batido de aguacate y col rizada
- Batido de proteína de mantequilla de almendra
- Batido de arándanos y remolacha
- Batido verde desintoxicante
- Batido de proteínas con chocolate cremoso
- Té Keto

También puede tener lo siguiente con tu almuerzo o cena:

- Sopa de huevo
- Sopa de coliflor de espinacas

Las siguientes salsas también se pueden utilizar para complementar cualquier plato:

- Hummus de coliflor
- Curry rojo vegetal
- Coliflor con salsa de tzatziki

# **Conclusión**

Finalmente, estamos al final de nuestro viaje.

Pero eso no significa que tu viaje personal haya terminado.

La parte más difícil de keto no es empezar, sino mantenerlo. Esta es la razón por la que nunca debes ceder a la presión de grupo. No te dejes tentar fácilmente por alimentos ricos en azúcar y carbohidratos. Mantente fiel a tu viaje porque al final, obtendrás beneficios increíbles.

Lo más importante, no olvides hacer ejercicio.

¡Eso es correcto! Sólo porque estás en una dieta keto no significa que puedes saltarte tus rutinas de entrenamiento.

Cuando te diriges a un mejor estilo de vida, no sólo te concentras en lo que comes, sino también en lo bien que cuidas tu cuerpo.

Hacer ejercicio regularmente es importante. No permanecer en una posición por mucho tiempo también es importante.

Con esto, te deseo que te fijen bien en el camino hacia un mañana más saludable.

¡Mantente saludable!

# Plan de Comidas de la dieta keto vegana

*Descubre los secretos de los usos sorprendentes e inesperados de la dieta cetogénica, además de recetas veganas y técnicas esenciales para empezar*

**Por: Amy Moore**

# Tabla de contenidos

Introducción: Combinar la dieta cetogénica con el veganismo .................................................................. 5

Capítulo 1: ¿Qué es la dieta cetogénica? ..................... 11

   ¿Cómo funciona la dieta cetogénica? ..................... 15

   Tipos de dietas cetogénicas ..................................... 18

   Los beneficios de la dieta keto ................................ 23

Capítulo 2: ¿Qué es la dieta vegana? ........................... 29

   ¿Qué significa ser vegano? ...................................... 33

   Los beneficios de ser vegano .................................. 37

   Cómo superar los desafíos como vegano .............. 43

Capítulo 3: ¿Pueden también los veganos seguir la dieta keto? ................................................................. 51

   Keto-veganismo, una combinación ganadora ....... 55

   Los beneficios de volverse keto-vegano ................ 59

   Consejos para seguir la combinación de la dieta keto-vegana ................................................... 67

Capítulo 4: Recetas keto-veganas ................................ 77

   ¿Qué tipos de alimentos keto pueden comer los veganos? ............................................................. 78

      Sopa keto de vegetales ....................................... 86

Espagueti de calabaza con tomate y champiñones ............................................................. 88
Vegetales asados Masala ....................................... 90
Champiñones glaseados con vinagre balsámico ................................................................. 92
Batido Verde ............................................................ 94
Buñuelos de coliflor y calabacín .......................... 96
Hongos Portobello rellenos de espinacas al curry ........................................................................ 98
Chili keto-vegano ................................................. 101
Bibimbap keto-vegano ........................................ 104
Revuelto de tofu .................................................... 107
Tofu y tacos de coliflor asada ............................ 110
Arroz de coliflor a la mexicana ......................... 114
Conclusión: Empieza tu recorrido keto-vegano ...... 116

# Introducción: Combinar la dieta cetogénica con el veganismo

¡Bienvenido al libro que cambiará tu vida! Si planeas seguir la dieta keto-vegana, este libro te ayudará a entender ambas dietas por separado y cómo combinarlas es un excelente paso hacia un estilo de vida más saludable. Hoy en día, es importante tomar una decisión consciente para comenzar a comer de forma saludable. No solo mejorará tu salud general, sino que también enriquecerá tu vida de maneras que nunca pensaste posibles.

En la actualidad, escuchamos hablar de enfermedades, afecciones y trastornos causados por hábitos alimenticios y estilos de vida poco saludables. Nuestra salud se ha convertido en un problema importante, razón por la cual personas como tú están tomando medidas para aprender sobre dietas saludables. La buena noticia es que este libro que has elegido es el mejor recurso para ti, y aquí te explicamos por qué...

La dieta keto-vegana es relativamente nueva en comparación con todas las demás tendencias de dietas existentes. Pero este libro explica ambas dietas de una manera sencilla y fácil de comprender. Esto es muy importante, sobre todo si es la primera vez que tienes contacto con la dieta cetogénica, la dieta vegana y la dieta keto-vegana, que es una combinación ganadora. En este libro, primero discutimos las dietas cetogénica y vegana por separado. Hemos presentado la información de esta manera para ayudarte a entender mejor por qué estas dietas son las que están de moda.

El primer capítulo habla sobre la dieta cetogénica: qué es, cómo funciona, los diferentes tipos de dietas cetogénicas y qué beneficios puedes obtener de ella. El segundo capítulo se centra en el veganismo: qué es, qué significa ser vegano, cuáles son los beneficios de ser vegano y cómo superar los desafíos más comunes de serlo.

Bien, puede que estés pensando: "¿Por qué es necesario discutir estas dietas por separado?"

La razón fundamental por la que es importante aprender

sobre la dieta cetogénica y la dieta vegana por separado es que esto facilita la transición a la dieta keto-vegana. Como aprenderás con este libro, ambas dietas son bastante restrictivas. Por eso, si empiezas a seguir la dieta keto-vegana de inmediato, tu cuerpo podría sufrir un gran impacto. Esto es especialmente cierto si eres fanático de los carbohidratos, la carne y los lácteos.

Lo bueno es que puedes empezar por ser vegano o por ser keto. Luego, cuando tu cuerpo se haya acostumbrado a alguna de las dos dietas, puedes incorporar gradualmente la otra. Esto hará que sea más fácil comenzar con la dieta keto-vegana y seguirla. Y puesto que ya has aprendido los fundamentos de las dietas keto y vegana en este libro, ¡estarás listo para empezar tu recorrido hacia un estilo de vida saludable! Es una estrategia simple y fácil que te garantizará el éxito.

Si ya estás siguiendo la dieta keto, o eres vegano, este libro te servirá como un curso de "actualización". También te permitirá aprender sobre la otra mitad de la dieta keto-vegana. ¡Y lo mejor es que hay mucho más para aprender!

En el capítulo tres aprenderás todo sobre la dieta keto-vegana. Descubrirás por qué la combinación de estas dos dietas modernas y altamente efectivas es una receta para el éxito. Este capítulo también habla de los beneficios de esta combinación ganadora, así como de algunos consejos prácticos para ayudarte a empezar. Si planeas convertirte en un keto-vegano, seguro este capítulo te será de gran ayuda.

Hablando de ayuda, el capítulo cuatro también contiene una gran cantidad de información. Aprenderás todo sobre las recetas keto-veganas. Antes de meterte de lleno en las recetas, aprenderás sobre los diferentes tipos de alimentos que puedes comer, y los que debes evitar, en la dieta keto-vegana. Luego hay diez recetas diferentes que son simples, fáciles de preparar, saludables y muy sabrosas. Cualquiera de estas recetas deliciosas te ayudará a seguir con tu dieta al tiempo que despierta tu deseo de hacer de esta dieta parte de tu estilo de vida.

Como descubrirás al leer los capítulos de este libro, la dieta cetogénica y el estilo de vida vegano son las dietas más efectivas que existen. ¿Por qué crees que esta combinación de dietas es tan popular en este momento?

Desde celebridades hasta atletas y más, la dieta keto-vegana está cobrando fuerza como la mejor, y recién empieza. Al leer este libro, ya has dado ese primer paso tan importante. Aunque muchas personas creen que el primer paso es comenzar a seguir la dieta, en realidad no es así. El primer paso es tomar una decisión consciente de aprender todo lo que puedas sobre la dieta y el estilo de vida que deseas seguir. Después de todo, no podrás comenzar a seguir la dieta keto-vegana adecuadamente, ni ningún otro tipo de dieta, a no ser que hayas aprendido todo lo que puedas al respecto.

Esto es especialmente cierto para la dieta keto-vegana porque es una dieta única que implica un conjunto específico de reglas, particularmente en términos de lo que se puede y no se puede comer. Cuanto más aprendas sobre esta dieta, más fácil será empezar a seguirla. Y cuanto más familiarizado estés con la dieta, cuanto más la comprendas, más fácil será seguir con la dieta a largo plazo. Por eso, tomar la decisión de instruirse es el primer paso "real" para cualquier dieta. Si bien hay muchos recursos en línea, es difícil clasificar toda la información y determinar cuál es útil y cuál no.

La clave es encontrar información confiable y verdadera que te guíe en tu camino.

Afortunadamente para ti, en cuanto a libros sobre la dieta keto-vegana, ¡has escogido uno excelente! Y después de aprender todo lo básico sobre la dieta keto-vegana y algo más, podrás comenzar tu recorrido de inmediato. Este es un libro completo, lleno de información práctica que puedes aplicar fácilmente a tu vida. Es hora de despedirte de tus viejos y poco saludables hábitos alimenticios. ¡Y es hora de comenzar a invertir en tu salud!

# Capítulo 1: ¿Qué es la dieta cetogénica?

La definición más simple de la dieta cetogénica es que es una dieta baja en carbohidratos, alta en grasas y moderada en proteínas. Idealmente, cuando sigues esta dieta, sólo el 10% de tus calorías totales proviene de los carbohidratos, el 20-30% de tus calorías totales proviene de las proteínas y el 60-70% de tus calorías totales proviene de las grasas. El nombre de la dieta proviene de su principal objetivo: alcanzar un estado de cetosis. Después de seguir la dieta keto un tiempo, tu cuerpo comenzará a quemar grasas en lugar de glucosa. Por eso, uno de los principales beneficios de esta dieta, que también la hace extremadamente popular, es la pérdida de peso.

La distribución de macronutrientes de esta dieta requiere que elimines los alimentos ricos en carbohidratos y azúcar. Uno de los aspectos más controvertidos de esta dieta es que requiere eliminar los alimentos que alguna vez se consideraron saludables. Esto incluye legumbres, algunos tipos de frutas y vegetales, e incluso granos. Sin embargo, estaría permitido comer alimentos ricos en grasa como tocino, queso, productos lácteos y más. Cuando esta dieta apareció en el radar de los entusiastas de la salud y el fitness, generó que muchas cejas se arquearan. Pero cuando la gente tuvo pruebas de cuán efectiva es la dieta keto, y a medida que los investigadores la estudiaron más, el mundo se dio cuenta de que era algo más que una dieta de moda.

La única razón por la que eliminarías ciertos tipos de alimentos y grupos de alimentos de la dieta keto es porque contienen un alto contenido de carbohidratos. Sin embargo, estarías reemplazando estos alimentos por otros que te nutrirán y que encajan en la dieta keto. Por ejemplo, en lugar de comer muchos vegetales con almidón, aumentarías tu consumo de vegetales con bajo contenido de almidón, como las verduras de hojas verdes. También puedes continuar consumiendo vegetales con un contenido moderado de almidón, como zanahorias, pimientos rojos y más.

Si eres un amante de los vegetales, hay cosas que puedes

hacer para que sean más amigables con la dieta keto. Para empezar, puedes cocinar tus vegetales en aceite de coco, ghee, mantequilla y otros aceites saludables. Esto hace que sepan mejor y te ayuda a alcanzar tu recomendación diaria de grasas. La dieta keto también te permite consumir pescado y carne sin restricciones, pero en el caso del pescado, se recomienda optar por aquellos que contienen grasas saludables como el salmón, la caballa, las anchoas y el arenque. Estas son opciones excelentes porque no sólo te ayudarán a consumir suficientes grasas, sino que también contienen otros nutrientes para mantenerte saludable. Para la carne, puedes elegir cortes magros de vez en cuando, pero los cortes grasos son mejores.

Cuando se trata de seguir la dieta keto (sólo la dieta keto), la proporción entre los vegetales y la carne que consumes depende de ti. Sin embargo, en general, esta dieta requiere más proteínas que las dietas altas en carbohidratos. La clave es elegir los tipos de alimentos que comes y tratar de evitar los alimentos con alto contenido de carbohidratos y azúcar.

Por sí sola, la dieta keto es bastante simple. Es bastante

restrictiva, especialmente en términos de carbohidratos y azúcar. Esta dieta también puede ser bastante intimidante, especialmente al principio. Para poder seguirla correctamente, debes aprender a contar tus macros. Esto te permite obtener las cantidades adecuadas de grasas, proteínas y carbohidratos para forzar tu cuerpo a la cetosis. Es importante seguir la dieta keto correctamente. La buena noticia es que existen diferentes tipos de dietas keto que puedes probar dependiendo de las proporciones de macronutrientes que crees que puede manejar.

# ¿Cómo funciona la dieta cetogénica?

Para ayudarte a entender cómo funciona la dieta cetogénica, primero revisemos cómo funciona el cuerpo humano, específicamente cómo produce energía. La mayoría de las dietas hacen que nuestro cuerpo funcione principalmente con azúcar o glucosa en la sangre que obtenemos de carbohidratos como patatas, frutas, pasta, dulces y pan. La mayoría de las dietas también son altas en carbohidratos, y las personas que no siguen dietas específicas tienden a comer muchos carbohidratos. Sin embargo, si nuestros niveles de glucosa en sangre bajan, sentimos que nuestros niveles de energía también disminuyen. La mala noticia es que nuestro cuerpo no está diseñado para almacenar mucha glucosa. Aunque lo bueno es que incluso si no consumes muchos carbohidratos, tu cuerpo puede funcionar igual consumiendo las grasas, y esto sucede cuando alcanza el estado de cetosis.

Mientras está en estado de cetosis, el hígado comienza a descomponer las grasas (las que consume y las almacenadas en tu cuerpo) en cetonas o cuerpos cetónicos, que son una fuente de energía utilizable. Cuando esto sucede, tus órganos pueden comenzar a usar estas cetonas para continuar con sus funciones. En pocas palabras, tu cuerpo se convertirá en una máquina quemadora de grasas que utiliza las grasas en lugar de la glucosa como su principal fuente de energía. Este proceso se considera adaptativo, ya que ocurre cuando te "privas" de glucosa eliminando los carbohidratos y el azúcar de tu dieta.

Tan pronto como aumentan tus niveles de cetonas, tu cuerpo entra en cetosis. Comienza a quemar grasas, razón por la cual la dieta keto es una forma muy efectiva de perder peso. Hay varias formas de lograr la cetosis. Una es ayunando. Esto implica dejar de comer durante un período largo de tiempo. Hay algunas dietas que implican un ayuno, la más popular es el Ayuno Intermitente, o IF por sus siglas en inglés. El ayuno obliga a tu cuerpo a entrar en un estado de cetosis cuando, como combustible, comienza a quemar grasas en un intento por disminuir la cantidad de glucosa que utiliza. Esto sucede porque estás "privando" a tu cuerpo de comida.

Otra forma efectiva de alcanzar la cetosis es siguiendo la dieta keto. En esta dieta, consumes una gran cantidad de mantequilla, huevos, queso, carne, pescado, aceites, nueces y vegetales al tiempo que evitas el pan, los granos, las legumbres, los frijoles y una serie de frutas y vegetales con almidón. La naturaleza de esta dieta es lo que fuerza tu cuerpo a la cetosis. Así estarías limitando drásticamente tu consumo de carbohidratos, comiendo sólo lo suficiente para sobrevivir, mientras consume altas cantidades de grasas y cantidades moderadas de proteínas. Para mantener la cetosis, necesitas consumir mucha grasa, ya que es lo que tu cuerpo usará como combustible. También es importante moderar la ingesta de proteínas, ya que también pueden ser descompuestas por el cuerpo y convertidas en glucosa. Por lo tanto, si consumes más proteínas de las recomendadas, es posible que no puedas alcanzar y mantener la cetosis.

# Tipos de dietas cetogénicas

Si está planeando iniciar la dieta cetogénica (o la dieta keto-vegana), una cosa importante que debes saber es que existen diferentes tipos de dietas cetogénicas para elegir. Es una gran noticia porque tienes la opción de elegir el tipo de dieta que se adapte a tu estilo de vida y objetivos de salud. Los tipos más comunes de dietas keto incluyen:

> La Dieta Cetogénica Estándar (SKD, por sus siglas en inglés)

La SKD es el tipo más común de dieta keto, y también la más simple. La regla para este tipo de dieta keto es muy sencilla: lo que tienes que hacer es consumir una cantidad mínima de carbohidratos todo el tiempo. Para esta dieta, sólo podrás consumir un máximo de 50 gramos de carbohidratos cada día. La cantidad exacta que consumas dependerá de tus necesidades. Este tipo de dieta keto es adecuada para la mayoría de las personas.

## La Dieta Cetogénica Dirigida (TKD, por sus siglas en inglés)

Este tipo de dieta te permite comer más carbohidratos, en comparación con los otros tipos. Sin embargo, sólo debes consumir estas cantidades adicionales de carbohidratos justo antes de hacer ejercicio. Es el tipo de dieta preferido por los atletas y las personas que llevan un estilo de vida activo. Además, al elegir los carbohidratos adicionales que planeas consumir, es mejor optar por variedades fácilmente digeribles para no terminar con malestar estomacal.

Aunque consumirás más carbohidratos en este tipo de dieta keto, no tendrás que preocuparte por no alcanzar la cetosis porque quemarás todos esos carbohidratos de manera efectiva durante tu entrenamiento. A pesar de que tu estado de cetosis se verá alterado, esto no sucederá por mucho tiempo. Por lo general, puedes consumir hasta 25 gramos de carbohidratos adicionales antes de tu rutina de ejercicios. Después de hacer ejercicio, es mejor consumir comidas bajas en grasa y altas en proteínas. Aunque la dieta keto te alienta a comer mucha grasa, no se recomienda consumirla después de hacer ejercicio. La razón es que podría debilitar tu recuperación muscular y retrasar la absorción de nutrientes.

Es importante tener en cuenta que esta variante no es adecuada para todos. Si llevas un estilo de vida activo o tienes una rutina de ejercicios diaria, entonces este tipo de dieta keto debería ser la mejor opción para ti. Sin embargo, debes planificar bien tus comidas para asegurarte de no ir más allá de las cantidades recomendadas de carbohidratos y proteínas. Además, asegúrate de obtener las grasas suficientes para mantener tu estado de cetosis.

## La Dieta Cetogénica Cíclica (CKD, por sus siglas en inglés)

Este tipo de dieta cetogénica es muy popular, especialmente entre los principiantes. Para esta dieta, no tendrás que ser completamente "keto" de inmediato. La dieta CKD implica ciclar cada semana entre los "días keto" y los "días libres". Tendrás días alternos para seguir la dieta keto y días de consumir grandes cantidades de carbohidratos, lo que se denomina "carga de carbohidratos".

Para esta dieta, tendrías que consumir un máximo de 50 gramos de carbohidratos cada día durante tus días keto. Luego, en tus días libres, puedes consumir hasta 600 gramos de carbohidratos mientras "cargas" carbohidratos. Este tipo de dieta keto es adecuada para culturistas y otros atletas que realizan muchas actividades intensas. Ayuda a maximizar la pérdida de grasa al tiempo que genera masa magra. Al igual que la TKD, este tipo de dieta keto no se recomienda para la mayoría de las personas.

## La Dieta Cetogénica Restringida

Este tipo de dieta se recomienda con fines terapéuticos, especialmente para el tratamiento de ciertos tipos de cáncer. Restringir la ingesta de carbohidratos hace que el cuerpo comience a producir cetonas. Cuando esto sucede, las células sanas del cuerpo pueden comenzar a usar las cetonas, pero hay algunos tipos de células cancerosas que no pueden funcionar con esta fuente de energía alternativa. La mayoría de los tipos de células cancerosas prosperan con la glucosa. Por lo tanto, privarse de glucosa significa que también se está privando de alimento a esas células cancerosas.

Esta variación de la dieta keto se considera restringida porque se combina con la restricción calórica, lo que hace que tu cuerpo se transforme un entorno inhóspito para las células cancerosas. Para esta dieta, comenzarás consumiendo sólo agua durante 3 a 5 días y luego continuarás con la dieta keto. Además, sólo consumirás un máximo de 20 gramos de carbohidratos. Este tipo de dieta también se recomienda para aquellos que padecen afecciones como SFC, o síndrome de fatiga crónica, diversas enfermedades neurológicas y otras. Además, debes seguir esta dieta sólo bajo supervisión médica para garantizar tu salud y seguridad.

Ahora que sabes más sobre los diferentes tipos de dietas keto, puedes determinar cuál se adapta mejor a ti. Conocer el tipo de dieta cetogénica a seguir ayuda a garantizar el éxito, sea que planees seguir esta dieta por tu cuenta o incorporar otra dieta (como la dieta vegana). Después de elegir el tipo de dieta a seguir, tienes la opción de investigar más al respecto. Esto te ayudará a seguirla correctamente y a aprovechar al máximo la dieta cetogénica que hayas elegido.

# Los beneficios de la dieta keto

La dieta cetogénica no es simplemente una dieta baja en carbohidratos. También implica consumir grandes cantidades de grasa y cantidades moderadas de proteínas. Seguir correctamente la dieta keto te permite alcanzar un estado de cetosis. Alcanzar ese estado es lo que proporciona todos los grandes beneficios de la dieta keto para la salud. Si planeas seguir la dieta keto, o la has estado siguiendo durante algún tiempo, estos son algunos de los beneficios a los que puede aspirar:

- Ayuda en el tratamiento de la epilepsia

Este es el principal beneficio de la dieta cetogénica, porque en realidad fue desarrollada para este propósito. La dieta cetogénica se creó como parte del tratamiento de la epilepsia a principios de 1900. Hasta ahora, todavía se utiliza para este propósito, aunque incluso las personas sanas han comenzado a seguirla para perder peso y debido a otros beneficios que la dieta proporciona.

- Ayuda a reducir el apetito

Uno de los retos más difíciles que enfrentan las personas que hacen esta dieta es sentir hambre todo el tiempo. Al reducir las porciones o restringir ciertos alimentos de tu dieta, sientes que tienes hambre en todo momento y que echas de menos tus comidas favoritas. Pero con la dieta keto, no tienes que preocuparte por este tema. Seguir una dieta baja en carbohidratos reduce el apetito. Cuanta más proteína y grasa consumas, más saciado te sentirás, es decir, no tendrás hambre todo el tiempo.

- Promueve la pérdida de peso

Debido a que tu cuerpo comenzará a utilizar las grasas, incluso las almacenadas, como su principal fuente de energía, también irás hacia una pérdida de peso. Mientras sigues esta dieta, tus niveles de insulina disminuyen: la insulina es un tipo de hormona que almacena grasa. Es lo que transforma tu cuerpo en una máquina eficiente para quemar grasa.

Cuando se trata de grasa corporal, es importante saber que no todas las grasas son iguales. Las reservas de grasa en el cuerpo determinan tu riesgo de enfermedad y cómo esas reservas de grasa afectan tu cuerpo. Los dos tipos principales de grasa son la subcutánea, que se encuentra debajo de la piel, y la visceral, que se encuentra en la cavidad abdominal y alrededor de los órganos. La resistencia a la insulina y la inflamación ocurren cuando tienes exceso de grasa visceral. La cetosis quema ambas grasas, lo cual, a su vez, te ayuda a perder peso al tiempo que reduce tu riesgo de desarrollar diferentes afecciones médicas.

- Ayuda a controlar los niveles de azúcar en sangre

Otro beneficio de la dieta keto es que ayuda a controlar naturalmente los niveles de azúcar en la sangre. Esto ocurre debido a los tipos de alimentos que consumirás en esta dieta. Este beneficio particular hace que la dieta keto sea beneficiosa para las personas que sufren de diabetes. Si ya padeces esta afección, o estás en riesgo de padecerla, es posible que desees considerar el seguimiento de esta dieta.

- Mejora la concentración

Después de seguir la dieta cetogénica durante algunas

semanas o meses, notarás una mejoría en tu concentración. La razón principal es que las cetonas son una excelente fuente de combustible para el cerebro. Además, consumir menos carbohidratos ayuda a prevenir picos en los niveles de azúcar en sangre. Estos efectos conducen a una mejora en la concentración y el enfoque. Además, el aumento en el consumo de ácidos grasos puede tener un efecto positivo en las funciones del cerebro.

- Aumenta tus niveles de energía

Las cetonas son una fuente de energía más confiable para el cuerpo. A diferencia de la glucosa, que se agota fácilmente, la energía que proporcionan las grasas dura más tiempo. Por lo tanto, como uno de los beneficios de esta dieta, empezarás a notar un aumento en tus niveles de energía.

- Mejora los niveles de colesterol bueno y triglicéridos

Los estudios han demostrado que esta dieta puede mejorar los niveles de colesterol bueno y triglicéridos que se asocian comúnmente con la acumulación arterial.

Esta dieta aumenta los niveles de HDL mientras disminuye los de LDL. También mejora la presión arterial en comparación con otros tipos de dietas.

- Puede ayudar a reducir el acné

Cambiar a una dieta keto también puede ayudar a mejorar la salud y el estado de tu piel. Puedes notar una reducción de tu acné, junto con una reducción en la inflamación de la piel. Algunos estudios sugieren que consumir muchos carbohidratos lleva a un aumento del acné, por lo tanto, seguir una dieta baja en carbohidratos mejorará esta condición de la piel. Para realzar aún más este beneficio, es posible que también desees seguir un plan de limpieza estricto.

- Puede ser útil contra el Síndrome Metabólico

El Síndrome Metabólico es una condición médica que se asocia comúnmente con un riesgo de enfermedad cardíaca y diabetes. El síndrome metabólico no es una afección única, sino un conjunto de síntomas que incluyen presión arterial alta, triglicéridos altos, niveles bajos de HDL, obesidad abdominal y niveles elevados de azúcar en sangre. La buena noticia es que la dieta cetogénica mejora todo esto, por lo tanto, puede ayudar a mejorar el Síndrome Metabólico.

# Capítulo 2: ¿Qué es la dieta vegana?

La dieta vegana, o veganismo, es un tipo de dieta / estilo de vida que implica excluir animales (carne) y productos de origen animal tales como lácteos, huevos y demás de la dieta. Muchos veganos también evitan los alimentos que han sido procesados con productos animales, como algunos tipos de vino y azúcar refinada.

Si has elegido hacer del veganismo tu estilo de vida, serás conocido como "vegano". Un vegano es una persona que sigue la dieta vegana, pero el término también puede ser usado como adjetivo para describir cierto plato o alimento. Mientras que algunos veganos evitan consumir animales y productos de origen animal, otros van más allá y evitan los productos comerciales de origen animal o derivados de animales, como la lana, la piel, el maquillaje y otros. Existen diferentes tipos de veganos con distintos niveles de rigor en cuanto a cómo siguen este estilo de vida. Ellos son:

- Los **veganos de la dieta** también son conocidos como «comedores de alimentos de origen vegetal». Evitan el consumo de productos de origen animal, pero continúan utilizando productos de origen animal como cosméticos y ropa.
- Los **veganos de la comida chatarra** no están realmente preocupados por su salud, ya que dependen en gran medida de las opciones veganas altamente procesadas. Si planeas volverte vegano, es posible que quieras evitar ser este tipo de veganismo.
- Los **crudiveganos** sólo consumen alimentos de origen vegetal crudos o que han sido cocinados a temperaturas inferiores a 48°C.
- Los **crudiveganos bajos en grasas** también se denominan "frugívoros". Dependen principalmente de las frutas y sólo consumen alimentos ricos en grasas como aguacates, cocos, diferentes tipos de nueces y más. Sin embargo, también

consumen otros tipos de vegetales en pequeñas cantidades, pero sólo de vez en cuando.

- Los **veganos de alimentos integrales** también evitan todos los animales y productos animales, y prefieren consumir alimentos integrales como nueces, semillas, legumbres, frutas, vegetales y granos enteros.

Si estás leyendo este libro, estás interesado en convertirte en keto-vegano. Es un tipo de vegano bastante nuevo que combina las reglas básicas de la dieta vegana con las de la dieta cetogénica. En otras palabras, seguirías una dieta cetogénica basada en vegetales. Más adelante, discutiremos esta combinación de dieta en detalle.

Hoy en día, volverse vegano no es tan difícil como lo era en el pasado. Hoy, el veganismo es una tendencia. Por eso, cada vez hay más opciones veganas disponibles para las personas que desean seguir esta dieta saludable y beneficiosa. Incluso si comenzaste como amante de la carne, en la actualidad los sustitutos veganos saben igual que los auténticos. Esto facilitará tu transición a la dieta vegana.

Mientras que algunas personas pueden dejar de comer carne y otros productos animales fácilmente, para otras es difícil, incluso con todas las opciones veganas disponibles. Después de todo, esta dieta difiere significativamente de otras dietas, sobre todo si sigues una dieta que incluye mucha carne. De hecho, la dieta keto te permite comer carne y otros productos animales. Así que si empiezas por ser vegano, todavía tienes que hacer algunos cambios significativos para convertirte en keto-vegano.

La buena noticia es que la transición de la dieta vegana a la dieta keto vegana (o de la keto a la keto-vegana) no sólo es posible, sino bastante fácil de lograr siempre y cuando sepas cómo hacerlo. Por supuesto, cuanto más liberal seas como vegano, más fácil te resultará hacer la transición a la dieta keto-vegana. Pero aun cuando sigas una dieta vegana muy estricta, hacer este cambio es posible. Se trata de comprometerte con la dieta y el estilo de vida que has elegido para alcanzar tus objetivos a largo plazo.

# ¿Qué significa ser vegano?

El veganismo es más un estilo de vida que una dieta, sobre todo según aquellos que han adoptado el veganismo como parte de su vida. Ser vegano puede ayudarte a ser más saludable en comparación con aquellos que consumen muchos animales y productos de origen animal. Como vegano, no consumirías carne (ni blanca, ni roja), pescado, mariscos, productos lácteos, huevos u otros productos derivados de animales como la miel. Esto también significa que, como vegano, no ingerirías colesterol, ni grasas animales y proteínas animales, cosas que pueden causar daño a tu salud. En cambio, sobrevivirías con alimentos integrales y saludables que contienen vitaminas, minerales, fibra, proteínas, grasas buenas y carbohidratos complejos. Las personas eligen ser veganas por diferentes razones, que incluyen:

- El ambiente

El veganismo puede ayudar a salvar el ambiente, es decir, si la mayoría de las personas en el mundo elige ser vegana. Elegir la dieta vegana (y otras dietas de base vegetal) puede tener un efecto positivo en el medio ambiente, especialmente en términos de agricultura animal. Consumir más alimentos de origen vegetal puede reducir la necesidad de utilizar recursos que generan cantidades enormes de emisiones de gases de efecto invernadero. Además, esta dieta no requiere tanta agua como las dietas que necesitan de la agricultura animal. Esta puede ser la razón principal por la que las personas que quieran contribuir a salvar el ambiente se vuelvan veganas.

- Ética

Cuando las personas adoptan el veganismo por razones éticas, lo hacen porque creen firmemente en los derechos de todos los seres vivos a la libertad y a la vida. Eligen a consciencia eliminar el consumo de animales y los productos de origen animal de su dieta y de su vida. Además, los veganos éticos no están de acuerdo con el trauma físico y psicológico que sufren los animales en las diferentes industrias. Los animales criados con fines cárnicos o de otro tipo se ven obligados a vivir en condiciones deplorables y miserables antes de ser sacrificados de manera cruel en beneficio de los seres humanos. Además de ser veganos, también pueden expresar su oposición al generar conciencia, protestar e intentar convencer a otros de que adopten el mismo estilo de vida.

- Salud

Hoy en día, la salud es una razón muy común por la que las personas eligen ser veganas. La dieta vegana ofrece muchos beneficios significativos para la salud, los cuales discutiremos en un momento. Aparte de estos beneficios para la salud, algunas personas eligen el estilo de vida vegano porque quieren evitar los efectos secundarios adversos relacionados con las hormonas, los antibióticos y los productos químicos utilizados en la industria de alimentos de origen animal. Sin embargo, de todas las razones de salud, la que por lo general convence a la gente de ser vegana es la pérdida de peso.

No importa cuál sea tu razón para volverte vegano, sin dudas esta elección cambiará su vida. La dieta vegana puede ayudarte a ser una persona más sana y completa. Eso es lo que significa ser vegano, y es por eso que cada vez más personas toman la decisión de formar parte de esta tendencia creciente.

# Los beneficios de ser vegano

Aunque es posible que escuches a muchos veganos decir que han elegido el veganismo para salvar a los animales y otros seres vivos, hay otros beneficios que puedes disfrutar cuando eliges ser vegano. Si planeas seguir la dieta vegana, o la has estado siguiendo durante algún tiempo, estos son algunos beneficios que puedes esperar:

- Proporciona un excelente valor nutricional

Varios estudios e investigadores han demostrado que, si sigues la dieta vegana de manera correcta, ingerirás muchas vitaminas, minerales, antioxidantes y nutrientes. Sin embargo, aunque la dieta vegana esté repleta de estos nutrientes saludables, carece de carne, una fuente muy importante de proteínas. Por lo tanto, si planeas seguir la dieta vegana, debes asegurarte de consumir muchas fuentes de proteínas de origen vegetal para que no tener deficiencia de proteínas. Otro nutriente en el que podrías terminar siendo deficiente es el hierro. Por consiguiente, también debes consumir muchas fuentes vegetales ricas en hierro. Además de aportar estos nutrientes, el veganismo puede ser extremadamente beneficioso para tu salud en general.

- Ayuda a mejorar tu estado de ánimo

Las investigaciones sugieren que los veganos pueden ser significativamente más felices que aquellos que consumen animales y productos de origen animal. Esto puede deberse al hecho de que los alimentos de origen vegetal son más frescos y saludables que los de origen animal. Entonces, cuando consumes sobre todo esos alimentos, ayudas a purificar tu mente y mantienes el positivismo.

- Ayuda en la prevención de varias enfermedades

Debido a que las fuentes de alimentos de origen vegetal no contienen muchas grasas saturadas, el veganismo puede ayudar a reducir el riesgo de desarrollar enfermedades cardíacas. Esta dieta también juega un papel importante en la prevención de otras enfermedades como la diabetes, la hipertensión, algunas formas de cáncer, cálculos biliares y más.

- Mejora la función renal al mismo tiempo que reduce los niveles de azúcar en sangre

El veganismo puede ayudar a reducir tus niveles de azúcar en sangre. Esto es algo bueno tanto si estás sano como si sufres de algún tipo de afección médica. Este beneficio también puede reducir tu riesgo de desarrollar diabetes. Seguir esta dieta puede mejorar la función renal, lo que a su vez ayuda a mejorar tu salud en general.

- Reduce la frecuencia de migrañas

Las migrañas pueden ser muy difíciles de tratar, especialmente si ocurren con frecuencia. Afortunadamente, este es un beneficio que ofrece el veganismo. Seguir esta dieta puede ayudar a reducir la aparición de migrañas. A menudo, los alimentos son un desencadenante de las migrañas, por lo tanto, si cambias tu dieta a una más saludable, podrías experimentar menos migrañas.

- Protege contra algunas formas de cáncer

Un factor significativo que puede ayudar a reducir el

riesgo de desarrollar cáncer es la dieta. Al igual que con la dieta keto, seguir la dieta vegana significa eliminar los alimentos que comúnmente sirven como alimento para las células cancerosas. Esto es especialmente cierto si optas por alimentos frescos e integrales en lugar de alimentos procesados o envasados que es común encontrar en dietas que incluyen carne y otros productos de origen animal.

- Promueve la pérdida de peso

Esta es una de las razones más populares por las que las personas eligen el estilo de vida vegano: perder peso. Hoy en día, las personas de todo el mundo se centran en perder peso, ya sea por razones de salud o para mejorar su autoestima. Pero para disfrutar de este beneficio, debes seguir la dieta vegana de forma adecuada. El hecho de que comas alimentos de origen vegetal no garantiza que pierdas peso. Por ejemplo, si todo lo que consumes son comidas rápidas veganas y comida chatarra vegana, no esperes perder esos kilos no deseados en un futuro cercano. Si deseas disfrutar de este beneficio, toma decisiones inteligentes a la hora de elegir tus fuentes de alimentos de origen vegetal.

- Ayuda a mejorar el rendimiento deportivo

Aunque el rendimiento atlético requiere una ingesta adecuada de proteínas, la dieta vegana también puede ayudar a mejorar tu rendimiento deportivo. Seguir una dieta vegana rica en nutrientes te permite ser más fuerte y saludable para facilitar un rendimiento óptimo en los deportes. Esta es la razón por la que cada vez más atletas toman la decisión de ser veganos: los hace sentir mejor y tener un mejor rendimiento.

- Ayuda a reducir el dolor artrítico

Algunos estudios han demostrado que esta dieta también tiene un impacto positivo en las personas que sufren diferentes tipos de artritis. Seguir esta dieta puede reducir el dolor y la hinchazón causados por la enfermedad, lo que a su vez permite una mejor movilidad y funcionamiento general de las áreas afectadas.

- Ayuda a equilibrar las hormonas

Hay ciertas hormonas en el cuerpo que pueden causar efectos adversos cuando sus niveles se vuelven demasiado altos. Un ejemplo es el estrógeno, que puede contribuir al desarrollo del cáncer de mama, y la producción de esta hormona puede aumentar debido al consumo de grasas animales. Debido a que la dieta vegana promueve el consumo de alimentos integrales y ricos en nutrientes, puede ayudar a equilibrar las hormonas del cuerpo para asegurar un funcionamiento óptimo en todo momento.

- Hará que vivas más

Por último, el veganismo también puede permitirte disfrutar de una vida más saludable y más larga en comparación con aquellos que consumen mucha carne. Como con todos los demás beneficios, éste proviene de la naturaleza de la dieta y de los tipos de alimentos que consumirás mientras la sigues.

# Cómo superar los desafíos como vegano

Hoy en día, existe una tendencia creciente a dietas basadas en vegetales como la dieta vegana. Aunque ahora es más fácil ser vegano de lo que lo era en el pasado, no significa que ser vegano no tenga sus propios desafíos. Más allá de que esta dieta es significativamente diferente de la dieta tradicional que incluye mucha carne, lácteos, huevos y más, puedes encontrar otros problemas en tu camino hacia el veganismo. Veamos los problemas más comunes y cómo ayudarte a superarlos:

1. Comer fuera

Aunque no parezca tan importante al principio, descubrirás que ser vegano y salir a cenar con frecuencia puede ser un gran reto. Por un lado, no todos los restaurantes ofrecen opciones veganas. Si las personas con las que cenas no saben que eres vegano, elegirán cualquier restaurante para cenar, y tú tendrás un dilema.

¿Rompes tu dieta "sólo esta vez" u ordenas una ensalada para seguir con tu dieta nueva?

Para la primera opción, ceder "sólo esta vez" puede convertirse fácilmente en un hábito. Pronto te darás cuenta de que has estado rompiendo tu dieta con frecuencia sin siquiera notarlo. Para la segunda opción, ordenar algo que no te satisfaga probablemente hará que no te sientas feliz. Además, no decirle a la gente con la que cenas que eres vegano llevaría a que este tipo de situación ocurra a menudo.

Por otro lado, si le cuentas a tus amigos acerca de tu dieta nueva, ellos podrían reaccionar de diferentes maneras. Si tus amigos tienen una mente abierta, aceptarán tu elección de estilo de vida y harán todo lo posible para adaptarse. Esta es una gran noticia porque podrás cenar en restaurantes que ofrecen opciones veganas. Pero ¿qué pasa si tus amigos no están muy contentos con que te hayas vuelto vegano? En tal caso, es posible que notes que las invitaciones a cenar son cada vez menos frecuentes. Es una triste realidad que algunos veganos tienen que enfrentar.

Si no quieres vivir esta situación, lo mejor es asegurarles a tus amigos que no hablarás del veganismo en toda la noche ni los obligarás a volverse veganos. Además, puedes ser más proactivo a la hora de decidir a qué restaurante ir. Investiga y descubre qué establecimientos ofrecen platos veganos en tu área. A continuación, puedes hacer sugerencias para cenar en esos establecimientos de vez en cuando. O si tus amigos quieren cenar en un lugar que no sea completamente vegano, puedes consultar el menú de antemano para ver qué opciones tienes. Lo más probable es que haya algún plato que se ajuste a tu dieta. Revisar el menú hace que sea más fácil decidir si puedes unirte a tus amigos o si sería mejor hacerlo en otro momento para no tener que lidiar con una situación incómoda.

2. Asistir a fiestas y otros eventos sociales

Otra situación desafiante y común es asistir a fiestas no veganas siendo vegano. Cuando se difunde la noticia de que eres vegano, algunas personas pueden preocuparse por invitarte. La buena noticia es que es un problema bastante fácil de superar. Primero, asegúrate de que tu familia, amigos y conocidos no hagan cambios en sus planes sólo para adaptarse a tu dieta nueva. Diles que estás de acuerdo con asistir a fiestas con personas que no son veganas.

Incluso puedes ofrecer llevar un plato vegano para compartir con todos. La clave es abordar la situación de la manera más abierta y positiva posible. Así, las personas que te rodean no se sentirán intimidadas por tu estilo de vida y no dudarán en enviarte una invitación cuando planeen fiestas.

3. Viajar

Viajar es otra situación desafiante, especialmente al principio. Cuanto más viajes y más tiempo practiques el veganismo, más te acostumbrarás a viajar como vegano. Sin embargo, las primeras veces puedes sentirte tentado de romper tu dieta, al menos lo que dure el viaje.

Esta tentación no se deberá sólo al hecho de que los lugares nuevos ofrecen platos nuevos y emocionantes que te gustaría probar. También influirá el hecho de que viajas a un lugar nuevo del que no sabes nada. Entonces, ¿cómo se supera este problema?

Con investigación. Antes de viajar, investiga sobre el lugar al que viajarás. Conéctate a internet y busca restaurantes, tiendas y establecimientos veganos en el área. Es probable que encuentres un buen número de lugares que ofrezcan comida vegana. Además, es posible que consideres envasar alimentos veganos, especialmente bocadillos, para el viaje. De esa manera, incluso si acabas en un lugar que no tiene muchas opciones de comida vegana, no pasarás hambre.

4. Falta de aceptación por parte de familiares y amigos

Este es un tema que puede ser muy difícil de tratar. Desafiante, pero no imposible. Si vienes de una familia de consumidores de carne y de repente decides volverte vegano, los que te rodean no entenderán por qué tomaste esa decisión. Pueden hacerte muchas preguntas, ridiculizarte y, en general, hacerte sentir mal por tu decisión.

No te rindas y tampoco empieces una pelea con ellos. Volverte vegano no significa destruir relaciones. En cambio, dales algo de tiempo para procesar tu decisión.

Después de un tiempo, puedes retomar el tema. Explica tu razón para convertirte en vegano de una manera positiva. Además, diles que no esperas que ellos se vuelvan veganos, ni que hagan cambios en sus vidas sólo para complacerte. Diles que esta es tu decisión y tu cambio, lo que significa que ellos no tienen que cambiar nada en su vida para adaptarse a ti.

Para evitar conflictos, trata de ser lo más positivo y tolerante posible. No te sorprendas si reaccionan de manera negativa y prepárate para ello. Demuéstrales que entiendes su posición, que aceptas sus opiniones y que los respetas por lo que son. Esperamos que esto cambie su actitud hacia ti y también hacia el veganismo, sobre todo cuando vean cómo tu estilo de vida nuevo te beneficia de muchas maneras.

5. Explica tu decisión de estilo de vida sin ofender a los demás

Para las personas que no son veganas, no hay nada peor que escuchar a los veganos hablar sobre cómo el estilo de vida vegano es más saludable y mucho más ético que el de ellos. Escuchar a los veganos hablar y hablar sobre por qué el veganismo es la mejor dieta que existe puede ser bastante ofensivo, especialmente si ya tienen una percepción negativa sobre el veganismo y los veganos.

¿Has oído alguna vez la expresión "menos palabras, menos errores"? Esta expresión se aplica perfectamente a esta situación. No hay necesidad de predicar el veganismo a menos que alguien te pregunte al respecto. Si uno de tus amigos o familiares te pregunta sobre tu experiencia como vegano, entonces puedes compartir tu historia de una manera simple y positiva. Si te hacen más preguntas o parecen estar genuinamente interesados en el veganismo, entonces puedes continuar compartiendo información. Pero en verdad no es una buena idea hablar del tema, especialmente en reuniones y otros eventos sociales donde la mayoría de los invitados no son veganos.

Cuando expliques de qué trata el veganismo a otros, trata de no hacerlos sentir culpables por sus propias dietas o estilos de vida. Hacer esto hace que los otros adopten una actitud defensiva que podría hacerlos sentir aún más rechazo hacia el veganismo. En cambio, habla de tu recorrido personal y de cómo el veganismo te hace sentir bien contigo mismo. Incluso puedes compartir algunos de los desafíos que has enfrentado y cómo superarlos. Esto hace que tu recorrido sea más realista y próximo en comparación con hablar sobre el veganismo con personas que no tienen los mismos puntos de vista y opiniones.

# Capítulo 3: ¿Pueden también los veganos seguir la dieta keto?

En esta época, cada vez más gente se vuelve vegana para perder peso. Por supuesto, también existe un buen número de veganos que han elegido este estilo de vida por su ética y creencias. Sin embargo, esta no es la única dieta de moda, hay muchas más. Por ello, los veganos que han elegido este estilo de vida por sus beneficios para la salud están empezando a buscar maneras de mejorar aún más sus dietas. Así es como comenzó la dieta keto-vegana. Es una variación de la dieta cetogénica que empieza a llamar mucho la atención de los entusiastas de la salud en todo el mundo.

Como se mencionó anteriormente, el objetivo principal de la dieta cetogénica es forzar al cuerpo a cambiar su fuente primaria de combustible. Seguir la dieta cetogénica hace que el cuerpo empiece a quemar grasa en lugar de glucosa. Desde que la dieta keto se hizo popular, más y más personas, especialmente veganas, se preguntan si está bien seguir la dieta keto.

La respuesta simple a esto es: sí, los veganos también pueden seguir la dieta cetogénica. De hecho, combinar su estilo de vida vegano actual con la dieta keto puede mejorar los beneficios para la salud que ya están experimentando, sobre todo en términos de pérdida de peso.

Algunos veganos se preguntan por qué no están perdiendo peso a pesar de haber seguido el veganismo durante una cantidad significativa de tiempo. La razón principal es que, aunque esta dieta se centra en comer principalmente verduras y frutas, tiende a ser más deficiente en grasas y alta carbohidratos en comparación con otras dietas. Desafortunadamente, consumir muchos carbohidratos puede llevar a un aumento de peso o puede que no te ayude a perder peso tan rápido como esperabas. Por lo tanto, si realmente quieres perder peso con la dieta vegana, debes ser inteligente a la hora de elegir los tipos correctos de frutas y vegetales para comer.

O también puedes combinar el veganismo con la dieta

keto para alcanzar tus metas de pérdida de peso mucho más rápido.

Aunque los veganos también pueden seguir la dieta cetogénica, es mejor que aprendas todo lo que puedas antes de comenzar esta combinación beneficiosa. Piénsalo: ¿tomaste la decisión de convertirte en vegano y empezaste a seguir la dieta al día siguiente?

Probablemente no.

Primero debes haber aprendido más sobre la dieta vegana, cómo funciona, qué implica y cómo seguirla correctamente. Después de aprender todo esto, llega el momento de empezar la dieta. Lo mismo se aplica a la dieta keto-vegana. Primero aprende todo lo que puedas al respecto, haz un plan y comienza a seguirlo. Afortunadamente, tienes este libro para guiarte. Ahora que has aprendido más sobre las dietas cetogénica y vegana, es momento de aprender más sobre cómo funcionan estas dietas en conjunto.

La primera vez que intentes pensar en estas dos dietas, es posible que no veas cómo funcionarían juntas. Después de todo, la dieta keto se centra más en alimentos ricos en grasas como el tocino, los huevos, el queso y otros. Pero en la dieta vegana, la concentración está en los alimentos de origen vegetal. Entonces, ¿cómo funciona la combinación? Vamos a averiguarlo...

# Keto-veganismo, una combinación ganadora

La dieta keto-vegana no sólo es posible, sino que ya existe y cada vez más personas la practican en todo el mundo. Esto significa que, como vegano, puedes comenzar a seguir la dieta keto. O como seguidor de la dieta cetogénica, también puedes combinarla con la dieta vegana. Si no sigues ninguna de estas dietas, tienes la opción de comenzar a seguir ambas de manera simultánea.

Aunque es posible, la dieta keto-vegana viene con algunos desafíos únicos. Uno de los retos principales que enfrentan las personas a la hora de hacer esta dieta es lo restrictiva que puede ser. La dieta keto restringe el azúcar en todas sus formas, junto con los alimentos que contienen cantidades altas de carbohidratos, mientras que la dieta vegana restringe la carne y todos los productos derivados de animales. Esto significa que tendrías que sobrevivir con una lista muy específica de alimentos que se adapten a las dos dietas. Aunque pueda parecer un problema para muchas personas, no tiene por qué serlo.

¿Por qué?

Porque a pesar de todos los tipos de alimentos que debes eliminar de tu dieta, todavía hay una amplia gama de alimentos que puedes elegir. En lugar de pensar en la dieta keto-vegana como una dieta restrictiva, puedes pensar en ella como una dieta baja en carbohidratos basada en vegetales que te ayudará a lograr tus objetivos de salud y pérdida de peso.

Sea que hayas elegido ser vegano por razones éticas o de salud, cuando consideres la forma en que la industria alimenticia cría los animales hoy en día, te darás cuenta de que existen muchas buenas razones para empezar a cambiar tu enfoque hacia las grasas de origen vegetal. Seguir una dieta basada en vegetales te permite consumir más antioxidantes, vitaminas y minerales cada día, lo que a su vez proporciona efectos antiinflamatorios para tu cuerpo. Además, comer menos proteína de origen animal puede ayudar a retardar el crecimiento del cáncer.

Ya hemos repasado los diferentes beneficios de las dietas cetogénica y vegana por separado. Pero puedes haber notado que las dos dietas comparten beneficios similares. Por lo tanto, tiene sentido que cuando combinas estas dietas, mejoren los beneficios que proporcionan.

El objetivo más importante del veganismo es eliminar los animales y los subproductos animales de tu dieta, para luego reemplazarlos con fuentes vegetales. Pero para perder peso y disfrutar de todos los demás beneficios de esta dieta, debes poder elegir los tipos adecuados de alimentos para comer. Considera esto: si te vuelves vegano pero lo único que comes son alimentos veganos procesados, comida rápida vegana, postres veganos y comida chatarra vegana, es muy poco probable que experimentes todos los beneficios de esta dieta.

Aquí es donde entra la dieta Keto. Incorporar la dieta cetogénica a tu dieta vegana existente significa que eliminar los alimentos poco saludables de tu dieta, específicamente los azúcares y los carbohidratos simples. Hacer esto tendrá un efecto enorme en tu salud y tu cintura. Eliminar estos alimentos forzará a tu cuerpo a entrar en cetosis, convirtiéndose así en una máquina eficiente para quemar grasa.

La dieta keto-vegana es considerada una combinación ganadora porque funciona en ambos sentidos. Si comienzas con la dieta keto, podrías correr el riesgo de comer cantidades excesivas de grasas, grasas malas, si te concentras en carnes procesadas, grasas trans y otras opciones poco saludables. Pero combina todo esto con la dieta vegana y podrás disfrutar de los beneficios de las dos dietas al mismo tiempo.

# Los beneficios de volverse keto-vegano

Cualquiera que siga la dieta keto-vegana tiene sus propios objetivos de salud en mente. Tú también puedes tener tus razones para elegir esta combinación de dietas y ahora que sabes más al respecto, puedes sentirte más decidido a comenzar. Para animarte aún más, estos son los beneficios que la dieta keto-vegana le brinda a tu salud:

- Mantener un peso saludable

La mayoría de las personas que han comenzado la dieta keto lo han hecho con el fin de perder peso. Una de las mayores dificultades que enfrentan las personas que hacen dieta es alcanzar sus metas y mantener un peso saludable. Al combinar la dieta keto con el veganismo, te enfocarás en comer grandes cantidades de grasas vegetales, cantidades moderadas de proteínas vegetales y cantidades mínimas de carbohidratos vegetales.

Dado que todo lo que comas tendrá una base vegetal, podrás perder peso mucho más rápido. Esto es especialmente beneficioso si tienes sobrepeso o eres obeso. A medida que tu cuerpo entre en cetosis, comenzarás a quemar tus reservas de grasa, lo que te ayudará a alcanzar más rápido tu peso deseado. Y lo mejor es que podrás mantener un peso saludable siempre y cuando continúes con esta combinación de dietas.

- Combatir o prevenir la diabetes

La dieta keto-vegana minimiza la ingesta de carbohidratos al tiempo que elimina el azúcar, los dos tipos de alimentos que causan diabetes. Por lo tanto, esta dieta puede ayudarte a combatir, o incluso prevenir, el desarrollo de la diabetes. Si ya padeces diabetes, la dieta ayuda a reducir tus niveles de azúcar en sangre, permitiéndote controlar tu condición de manera más efectiva.

Con el tiempo, es posible que puedas reducir tus dosis de insulina o incluso eliminar completamente los medicamentos, según la gravedad de tu afección. Una cosa a tener en cuenta si padeces esta afección es la consulta regular con tu médico. Esto le permite a tu médico controlar tu condición y determinar cómo la dieta te afecta. Además, tu médico es la persona indicada para recomendar la reducción de la dosis de tus medicamentos o la eliminación completa de los mismos.

- Tener más energía

Cuando tu cuerpo quema carbohidratos para obtener energía, te da energía a ti por un tiempo, pero finalmente se agota. Por otro lado, si tu cuerpo quema grasas para obtener energía -que es lo que sucederá con la dieta keto-vegana-, la energía que obtenga durará más tiempo. Esto significa que te dará más energía y una provisión constante, en lugar de picos de energía que no duran mucho tiempo.

- Reducir el riesgo de enfermedades cardíacas

Una de las principales causas de muerte en todo el mundo es la enfermedad cardíaca, que puede ser causada por diferentes factores. En una dieta keto-vegana, consumirás muchas grasas saludables que son buenas para tu corazón. Esta dieta reduce las moléculas de grasa que circulan en el torrente sanguíneo que pueden causar enfermedades cardíacas. Además, el consumo de carbohidratos en exceso provoca un aumento de los triglicéridos que, con el tiempo, puede conducir a enfermedades cardíacas. Debido a que la dieta keto-vegana es baja en carbohidratos, no tienes que preocuparte por este problema.

- Mejorar la salud general de tu cerebro

La dieta keto-vegana también ayuda a mejorar la cognición mental. A su vez, ayuda a mejorar la concentración, así como las habilidades de pensamiento crítico. Seguir esta combinación de dietas conserva la salud y la agudeza de tu cerebro. La dieta keto-vegana es una dieta equilibrada baja en carbohidratos, alta en grasas buenas y moderada en proteínas vegetales. La naturaleza de esta dieta ayuda a prevenir la acumulación de proteína beta amiloide, un tipo de proteína que dificulta el flujo de señales cerebrales. Este beneficio ayuda a reducir el riesgo de desarrollar Alzheimer, Parkinson y otras enfermedades neurodegenerativas.

- Combatir algunos tipos de cáncer

Por desgracia, no hay cura para el cáncer. Lo mejor que puedes hacer es tratar de evitar que se desarrolle. Afortunadamente, la dieta keto-vegana hace precisamente eso: ayuda a mantener las funciones metabólicas óptimas en el cuerpo para combatir algunos tipos de cáncer. Diferentes estudios han demostrado que las células cancerosas aman la carne y el azúcar. Dado que eliminarás estos alimentos de tu dieta, también reducirás el riesgo de desarrollar esta condición mortal. Esta dieta también protege tu cuerpo minimizando tu consumo de carbohidratos y reemplazándolo con grasas saludables. Hacer esto priva de hambre a las células cancerosas que no podrán prosperar, crecer o reproducirse.

- Ayudar a mejorar la salud de los ojos

Existen muchas enfermedades progresivas relacionadas con los ojos que pueden causar visión deficiente o ceguera. Pero con la dieta keto-vegana, puedes mejorar la salud de tus ojos y prevenir tales enfermedades. Esta dieta mejora la salud de las células de la retina y también previene la degeneración de las células. Si ya padeces afecciones como glaucoma o cataratas, esta dieta puede ralentizar o impedir que la condición empeore.

- Mejorar la salud intestinal

Esta dieta promueve un microbioma intestinal saludable y diverso. Esto es esencial porque cuando tienes muchas bacterias buenas y saludables, tu cuerpo es capaz de absorber los nutrientes y las grasas de manera más efectiva y a un ritmo más rápido. Las bacterias buenas ayudan a mantener la salud del revestimiento intestinal que, a su vez, ayuda a descomponer los alimentos y estimula la absorción de nutrientes. También hay tipos específicos de bacterias intestinales que ayudan a proporcionar vitamina K y vitamina B12 que ayudan a regular los minerales en el cuerpo. La dieta keto-vegana también promueve un metabolismo saludable, lo que conduce a la prevención de enfermedades y al control del aumento de peso.

- Estabilizar tus niveles hormonales

Tus hormonas son los mensajeros químicos de tu cuerpo. Por lo tanto, si se produce algún desequilibrio hormonal dentro de tu cuerpo, podrías sufrir resultados caóticos y perjudiciales. La buena noticia es que la cetosis tiene un efecto positivo sobre tus niveles hormonales. Cuando alcanzas un estado de cetosis, se reducen tus niveles de insulina. Los niveles de leptina también bajan, y esto causa una reducción en tu apetito y antojos. En las mujeres, la dieta keto-vegana mejora la función de la glándula pituitaria. También regula la producción de progesterona y la función de la glándula tiroides.

- Tener una piel más sana y libre de acné

Este beneficio proviene de la reducción de carbohidratos y productos lácteos en el cuerpo. Estos alimentos pueden causar inflamación, una de las causas más comunes de acné. Consumir mucha azúcar también puede causar brotes y casos graves de acné. Mientras que los carbohidratos y el azúcar tienen efectos adversos en la piel, las grasas buenas previenen el acné inflamatorio y tienen un efecto calmante sobre la piel seca. Este es otro de los beneficios que puedes esperar una vez que empieces a seguir la dieta keto-vegana.

- Mejorar el sueño

La dieta keto-vegana también mejora la calidad de tu sueño. Esto es muy importante ya que los procesos de recuperación de tu cuerpo ocurren mientras duermes. Si sigues esta dieta, te proporcionará los niveles de energía que necesitas durante el día y, cuando llegue la noche, te ayudará a conciliar el sueño y dormir durante toda la noche. A medida que reduces la cantidad de carbohidratos que consumes y aumentas la cantidad de grasas saludables, observas un cambio en tus patrones de sueño. Según los investigadores, la dieta keto-vegana tiene un efecto positivo en la producción de adenosina, un tipo de químico cerebral que ayuda a regular el sueño.

# Consejos para seguir la combinación de la dieta keto-vegana

Para muchas personas, la dieta keto-vegana puede parecer abrumadora. Esto es especialmente cierto para aquellos que consumen prácticamente cualquier cosa que tienen frente a ellos. Pero para los que tienen más consciencia, como usted y los que siguen la dieta, en realidad no es tan difícil de seguir. El hecho es que, aunque debieras eliminar diferentes tipos de alimentos de su dieta, esto no significa que tengas que comer alimentos poco atractivos, sin sabor o aburridos el resto de tu vida.

Se trata de saber qué tipo de alimentos puedes comer y darte cuenta de que estas opciones no sólo son más saludables, sino que también te proporcionan una amplia gama de sabores nuevos e interesantes a los que probablemente no estés acostumbrado. Como con cualquier dieta o plan de alimentación nuevo, la dieta keto-vegana requerirá un tiempo para acostumbrarse.

Pero mientras aprendas los fundamentos de la dieta y elabores un plan sobre cómo seguirla, no hay razón para no tener éxito en la adopción del estilo de vida keto-vegano.

Aunque la dieta keto-vegana puede parecer difícil, no tiene por qué serlo. La clave es saber qué alimentos eliminar y qué alimentos comer para reemplazarlos. Esto significa que tienes que empezar a saciarte con grasas y proteínas de origen vegetal mientras tratas de mantenerte alejado de las fuentes de origen vegetal con alto contenido de carbohidratos. A continuación, más consejos y estrategias para ayudarte a seguir y mantener esta dieta:

1. La mayor parte de tu ingesta de carbohidratos provendrá de los vegetales, y esto es algo bueno

Volverse keto viene con la tentación de consumir una gran cantidad de alimentos ricos en grasas que no son saludables, como la comida chatarra, la comida procesada, la comida rápida y mucho más. Aunque estos tipos de alimentos pueden contribuir a tu ingesta diaria de grasas, no son los tipos de grasas correctos. Cuando cambias a fuentes de alimentos vegetales, te aseguras de obtener las grasas saludables que te proporcionarán todos los beneficios de esta dieta.

De la misma manera, también debes cambiar tu consumo de carbohidratos y pasar de consumir carbohidratos poco saludables a obtener estos carbohidratos de los vegetales. Lo bueno de obtener la mayor parte de los carbohidratos de los vegetales es que estos vegetales también contienen otros nutrientes esenciales. Aunque en general tendrás que evitar los vegetales (y frutas) con almidón, puedes disfrutar consumiéndolos de vez en cuando para satisfacer tus necesidades diarias de carbohidratos. Sé inteligente a la hora de consumir vegetales que contienen muchos carbohidratos: asegúrate de conocer su contenido de carbohidratos para poder cumplir con la cantidad recomendada cada día.

2. Reconoce la versatilidad del tofu

El tofu se considera un alimento básico en la dieta keto-vegana. Eliminar la carne, el pescado y otras fuentes altas en proteínas puede hacerte sentir hambre. La buena noticia es que puedes usar tofu para reemplazar estos alimentos. El tofu es un excelente sustituto de la carne. Hay diferentes tipos de tofu disponibles y puedes utilizarlos para preparar diferentes platos. Si no eres fanático del tofu, otros buenos sustitutos de la carne son el tempeh y el seitán.

3. Quizá no tengas mucha variedad... a menos que hagas un esfuerzo.

Es posible que te desesperes la primera vez que pienses en los alimentos que debes eliminar conn la dieta keto-vegana. Imagina: tendrías que eliminar por completo los lácteos, los huevos, la carne, los granos e incluso las frutas y verduras con alto contenido de carbohidratos. Después de eliminar todo esto, puede parecer que no queda mucho... ¿cierto?

No es cierto.

La clave es hacer un esfuerzo para encontrar qué tipo de alimentos puedes comer. No te concentres sólo en los alimentos que debes limitar, evitar o eliminar. En cambio, concéntrate en los alimentos que se recomiendan en la dieta keto-vegana. En el próximo capítulo, descubrirás una lista completa de estos alimentos. Después de leer la lista, te darás cuenta de que hay muchas opciones para elegir. Con todas estas opciones disponibles, todo lo que tienes que hacer es mezclar las cosas, buscar recetas keto-veganas y empezar a disfrutar más de esta dieta nueva.

4. ¡A limpiar y abastecer tu despensa!

Es en extremo difícil comenzar una dieta nueva cuando tu casa está llena de alimentos que no tienes permitido comer. Después de unos días, podrías terminar cediendo a la tentación y consumiendo los filetes que están en tu refrigerador. Si quieres tener éxito, debes prepararse para ello. Antes de comenzar tu dieta keto-vegana, debes limpiar la despensa, la cocina y el refrigerador. Deshaztee de todos los alimentos que no encajan en tu dieta nueva. No tienes que tirar nada, puedes consumirlos (si no son muchos) o regalárselos a tus amigos y familiares. Si optas por la segunda opción, asegúrate de que los alimentos que regalarás no hayan vencido.

Después de limpiar, es posible que desees visitar

supermercados locales, mercados de agricultores y tiendas de alimentos. Revisa los alimentos disponibles que puedes comer en la dieta keto-vegana. Mientras aprendes, puedes imprimir una lista de todos los alimentos que puedes comer. Luego lleva esa lista contigo cuando vayas a comprar comida. Y toma nota de las tiendas que ofrecen estos alimentos para saber a dónde ir cuando llegue el momento de reabastecer tu despensa.

5. Intenta planificar tus comidas

Una de las razones más comunes por las que las personas fracasan cuando comienzan dietas nuevas es porque están demasiado ocupadas. Por lo tanto, terminan eligiendo las opciones más convenientes: alimentos preenvasados, preparados y procesados. Desafortunadamente, debido a que la dieta keto-vegana es relativamente nueva, son muy pocas las posibilidades de que encuentres opciones de alimentos que sean tanto saludables como adecuados para esta dieta.

Para superar este problema, es posible que consideres planificar tus comidas. Esto implica establecer uno o dos días por semana para planear, preparar y cocinar tus comidas para toda la semana. Por ejemplo, si trabajas de lunes a viernes, puede establecer tu día de planificación y comprar el sábado mientras preparas y cocinas todas las comidas de la semana el domingo. La planificación de las comidas puede tomar algún tiempo , pero una vez que te acostumbres, descubrirás que ahorras mucho tiempo y dinero, y también te ayuda a seguir con tu dieta. Cuando prepares tus propias comidas , no tendrás excusas para optar por esas opciones poco saludables pero muy convenientes que te harán desviarte de tu estilo de vida keto-vegano.

6. Cuando se trate de aceites grasos, elige sabiamente

La mitad de la dieta keto-vegana consiste en consumir grandes cantidades de grasa, por eso debes elegir sabiamente las grasas y las fuentes de grasa, especialmente los aceites grasos. Sea que uses los aceites para cocinar o para agregar a tus comidas, los mejores tipos son el aceite MCT, el aceite de coco y el aceite de aguacate. Entre estos aceites, el aceite de coco es el más recomendado porque, según una investigación nueva, puede ayudar a mantener la cetosis durante más tiempo y también se dirige a la grasa del vientre a la hora de quemar grasa.

7. No hagas muchas cosas demasiado rápido.

Si es la primera vez que haces dieta, es posible que desees avanzar gradualmente. Recuerda: la dieta keto-vegana es bastante restrictiva. Si eliminas varias categorías de alimentos de inmediato, podrías terminar teniendo problemas. Esto es especialmente cierto si las categorías incluyen tus comidas favoritas. Si quieres aumentar tus posibilidades de éxito, debes tomar las cosas con calma. Es posible que desees comenzar con cualquiera de las dos dietas e incorporar gradualmente la otra. Si deseas comenzar la dieta keto-vegana de inmediato, elimina las categorías de alimentos una por una. De esta manera, ya estarás haciendo un esfuerzo y no causarás demasiado estrés a tu cuerpo y a tu mente.

8. Asegúrate de no generar una deficiencia de nutrientes

Un problema común que enfrentan las personas que hacen dieta es el desarrollo de deficiencias de nutrientes.

Es un problema común en las dietas que eliminan ciertos grupos de alimentos. Habla con tu médico sobre esta dieta que planeas comenzar. Hazlo aun cuando tu salud esté en perfecto estado. Habla con tu médico acerca de la posibilidad de desarrollar deficiencias nutricionales y pregúntale si necesitas tomar suplementos vitamínicos para evitar este problema. Aunque si sabes cómo equilibrar tu dieta y elegir los alimentos adecuados, es posible que no tengas que preocuparte por este tema. Por eso es importante aprender sobre la dieta, para saber exactamente cómo seguirla sin comprometer tu salud.

9. Aprende a personalizar tu dieta keto-vegana

Recuerda que en la dieta keto-vegana no hay un plan único para todos los casos. No creas en las páginas web y recursos en línea que afirman que tienen el "plan perfecto" para ti. Si realmente quieres seguir esta dieta, debes personalizarla de acuerdo a tus necesidades y preferencias. No tiene sentido seguir un plan dietario cuando no te gustan la mitad de las comidas o recetas sugeridas. Eres la persona indicada para crear tu propio plan de dieta keto-vegana. Al principio, es posible que tengas que experimentar con diferentes alimentos, platos y recetas. Cuanto más tiempo sigas la dieta, más descubrirás qué te gusta y qué no te gusta. No tengas miedo a la flexibilidad. Cambia las cosas de vez en cuando. Personalizar tu plan dietario te permite controlar tus elecciones de alimentos. Esto te ayudará a sentirte más motivado para seguir con la dieta a largo plazo.

10. Después de algún tiempo, considera probar la dieta keto-vegana cruda

Después de seguir la dieta keto-vegana con éxito durante algún tiempo, es posible que te interese ahondar en los beneficios para tu salud. Para lograrlo, considera la versión cruda de la dieta keto-vegana. Cambiar a esta versión no es difícil, todo lo que tienes que hacer es consumir semillas, nueces y vegetales crudos en lugar de cocinarlos. No tienes que hacer sí o sí, sólo es una sugerencia para aquellos que quieren hacer las cosas más fáciles y saludables. Pero si estás contento con la forma en que funciona la dieta keto-vegana "normal", entonces puedes continuar siguiéndola.

# Capítulo 4: Recetas keto-veganas

Una vez que hayas comenzado tu recorrido keto-vegano, es posible que sientas que todo está fuera de tu alcance. Esto es especialmente cierto si vienes de ser un no-vegano que amaba los carbohidratos. Aunque la dieta keto-vegana es bastante restrictiva, puedes disfrutar de una buena comida mientras la sigues. Siempre y cuando sepas qué comer y dónde encontrar esos alimentos, no tendrás que sentir lástima por ti mismo todo el tiempo. De hecho, hay muchos alimentos para elegir y una variedad de platos que puedes preparar que son saludables y le harán cosquillas a tus papilas gustativas de maneras nuevas y sorprendentes.

# ¿Qué tipos de alimentos keto pueden comer los veganos?

Hay ciertos tipos de alimentos que debes comer mientras sigues la dieta keto. De la misma manera, hay ciertos tipos de alimentos que debes comer mientras sigues la dieta vegana. Cuando combinas estas dos dietas, hay ciertas cosas que debes comer mientras sigues la dieta keto-vegana. Dado que combinarás dos dietas que tienen cierto grado de restricción, es posible que tengas que planificar para seguir con éxito esta combinación. Te recordamos algunas reglas básicas:

- No debes consumir ningún producto de origen animal.
- Aumenta tu consumo de alimentos ricos en grasa, vegetales bajos en carbohidratos y vegetales de hojas verdes.
- Limita tu consumo de carbohidratos y azúcar.

- Obtén proteínas de fuentes vegetales.
- Evita los alimentos procesados.

Existen diferentes maneras de comenzar a seguir la dieta keto-vegana. Las formas más fáciles son empezar por ser vegano o keto y luego incorporar gradualmente la otra dieta. Pero también tienes la opción de iniciar un recorrido de dieta keto-vegana de inmediato, aunque será mucho más desafiante. Una de las principales preocupaciones al seguir esta dieta es de dónde obtener las proteínas. Aunque la dieta keto es una dieta alta en grasas y baja en carbohidratos, también debes consumir cantidades moderadas de proteínas para mantenerte saludable y fuerte. Te ayudamos con algunas de las mejores fuentes de proteínas vegetales para añadir a tu dieta:

- Nueces de Macadamia y almendras

A pesar de que los frutos secos son saludables, no todos los tipos son adecuados para tu dieta keto-vegana. Esto se debe principalmente a que varios tipos son altos en carbohidratos y es muy fácil pasarse de la raya al comerlos como bocadillos o al añadirlos a nuestros platos. Si quieres seguir comiendo frutos secos, mejor escoge nueces de macadamia y almendras.

- Sustitutos de la carne

Existen algunas opciones de sustitutos de la carne bajos en carbohidratos que puedes consumir como parte de tu dieta keto-vegana. Son opciones sabrosas, versátiles y prácticas. Buenos ejemplos son el tofu, el tempeh y el seitán.

- Levadura nutricional

Es un tipo de condimento que se utiliza principalmente como alternativa; por lo general, se utiliza para reemplazar el queso parmesano. La levadura nutricional tiene sabor intenso a queso, lo que la convierte en una excelente adición para los platos salados. Es baja en carbohidratos, alta en proteínas, y su versatilidad la hace muy popular.

- Proteínas en polvo

Agregar proteínas en polvo a tu dieta es una buena manera de consumir proteína suficiente todos los días. Sólo asegúrate de que los polvos que elijas sean compatibles con la dieta keto. Revisa la etiqueta (o las especificaciones del producto si haces un pedido en línea) para asegurarte de que se ajuste a tu dieta nueva.

- Espinacas

Por sorprendente que parezca, estas hojas verdes contienen buenas cantidades de proteínas, especialmente si las comparas con otras hojas verdes. Puedes agregar espinacas a tus platos y hacer que las espinacas crudas sean el componente principal de tus ensaladas. Además de las proteínas, la espinaca también contiene otros nutrientes esenciales sin carbohidratos.

Para los keto-veganos, los objetivos principales son consumir muchas grasas vegetales, cantidades moderadas de proteínas vegetales y un mínimo de carbohidratos. Para guiarte, repasaremos una lista de alimentos que puedes comer mientras sigues esta dieta. Al principio, es posible que debas tener esta lista en tu cocina como referencia. Con el tiempo, te familiarizarás con los tipos de alimentos que puedes comer y eso facilitará que sigas con la dieta. He aquí un vistazo rápido a los alimentos que puedes consumir en la dieta keto-vegana:

- Condimentos y salsas

Chile o salsa picante, mostaza, hummus, salsa, salsa de soya o tamari, vinagre y salsa de tomate.

- Frutas

Aguacates, cocos, moras azules, limones, arándanos, aceitunas, limas, fresas, frambuesas, sandía y tomates.

- Frutos secos y semillas

Almendras, semillas de chía, nueces de Brasil o castañas de pará, semillas de cáñamo, avellanas, semillas de calabaza, nueces de macadamia, semillas de girasol, pacanas, piñones, cacahuetes y nueces.

- Mantequilla de frutos secos y mantequilla de semillas

Mantequilla de almendras, mantequilla de avellana, mantequilla de coco o maná de coco, mantequilla de maní, mantequilla de nuez de macadamia, mantequilla de semillas de girasol, mantequilla de nueces y mantequilla de tahini.

- Aceites saludables

Aceite de almendras, mantequilla de cacao, aceite de aguacate, aceite de linaza, aceite de coco, aceite de macadamia, aceite de avellana, aceite de oliva y aceite MCT.

- Elementos básicos del refrigerador

Vinagre de sidra de manzana, queso (sin leche), yogur (sin leche), microvegetales, encurtidos, seitán, chucrut, tempeh, todo tipo de brotes y tofu.

- Elementos básicos de la despensa

Harina de almendras, polvo de hornear, corazones de alcachofa, harina de coco, bicarbonato de sodio, cacao o cacao en polvo, leche de coco (entera), glucomanano en polvo, chocolate amargo, jaca (enlatado), corazones de palma, levadura nutricional, cáscara de psilio y extracto de vainilla (apto para keto-veganos).

- Alimentos básicos

Hierbas y especias, fideos de algas, edamame, alubias lupini, copos de algas, hojas de nori, fideos shirataki y algas marinas tostadas.

- **Vegetales**

Corazones de alcachofa, espárragos, rúcula, remolacha, pimientos, brócoli, bok choy (repollo chino), col, coles de Bruselas, coliflor, zanahorias, apio, berza, acelga, rábano Daikon, pepinos, berenjena, diente de león, hinojo, escarola, ajo, brotes de helecho, jícama, colinabo, col rizada, hongos, todo tipo de lechuga, okra, mostaza, rábanos, cebollas, nabos, ruibarbo, espinacas, chalotes, calabazas de verano, calabazas de invierno, acelga suiza y calabacines.

- **Alimentos integrales**

Aguacates, aceitunas y cocos.

Como puedes ver, hay muchas opciones para elegir. Entre lo que no debes comer en la dieta keto-vegana están:

- Todos los tipos y formas de azúcar
- Productos de origen animal como carne, aves, pescado, huevos, productos lácteos, etc.
- Gelatina

- Granos como pasta, arroz, trigo y más
- Nueces con alto contenido de carbohidratos como anacardos, castañas, pistachos y más
- Legumbres
- Aceites vegetales refinados
- Vegetales con almidón como papas, ñames y más
- Grasas trans o aceites parcialmente hidrogenados

Puede utilizar todos los alimentos keto-veganos recomendados como ingredientes para diversos platos. Para empezar, echa un vistazo a estas recetas simples, fáciles y saludables que encajan perfectamente en tu estilo de vida nuevo.

## *Sopa keto de vegetales*

Esta sopa está cargada de vegetales saludables y otros ingredientes sabrosos que la hacen perfecta para tu dieta keto-vegana nueva. Es simple, fácil de hacer y te calentará cuando haga frío.

**Tiempo:** 45 minutos

Porciones: 6

Ingredientes:

- ¾ cucharadita de paprika
- 2 cucharaditas de mezcla de condimentos italianos
- 1 cucharada de aceite de oliva
- 1 cucharada de pasta de tomate
- 1 ¾ tazas de frijoles rojos (lavados y escurridos)
- 1 ¾ tazas de tomates (cortados en cubos)
- 2 tazas de repollo (picado)
- 2 tazas de ramilletes de coliflor
- 4 tazas de caldo vegetal (bajo en sodio)
- pimienta negra (recién molida)
- sal kosher
- perejil (recién picado)
- 1 pimiento (picado)
- 1 calabacín mediano (picado)

- 2 zanahorias (en rodajas finas)
- 2 tallos de apio (en rodajas finas)
- 4 dientes de ajo (picados)
- 1 cebolla mediana (picada)

Instrucciones:

1. Coloca una olla a presión y selecciona "Saltear", agrega el aceite, el ajo y la cebolla, y sazona con pimienta y sal.
2. Revuelve de vez en cuando hasta que la cebolla se ablande. Agrega la pasta de tomate y continúa revolviendo durante aproximadamente un minuto.
3. Agrega el resto de los ingredientes y revuelve bien para integrar.
4. Cierra la olla a presión, ponla en alto y deja que la sopa se cocine durante 12 minutos.
5. Abre la tapa, revuelve la sopa y añade más sal y pimienta según sea necesario.
6. Coloca la sopa en un tazón y decora con perejil antes de servir.

## *Espagueti de calabaza con tomate y champiñones*

Esta es una receta deliciosa que le da un giro saludable a la pasta. Tras eliminar los carbohidratos de tu dieta keto, puedes seguir comiendo pasta simplemente cambiando algunos de los ingredientes.

**Tiempo:** 40 minutos

Porciones: 4

Ingredientes:

- ¼ de taza de piñones (tostados)
- ⅓ taza de chalotes o cebollas (picadas)
- 1 taza de champiñones (en rodajas)
- 2 tazas de tomates (en cubitos)
- un puñado de albahaca (fresca, picada)
- pimienta negra (recién molida)
- sal kosher
- 2 espaguetis de calabaza (cocida)
- 4 dientes de ajo (picados)
- una pizca de copos de pimiento rojo (opcional)
- queso parmesano (opcional)

Instrucciones:

1. Después de cocinar los espaguetis, deja enfriar. Corta ambas piezas por la mitad, quita todas las semillas, usa un tenedor para triturar y deja a un lado: estos serán tus fideos.
2. Calienta el aceite en una sartén a fuego medio. Agrega los champiñones y las cebollas, cocina mientras revuelves constantemente durante 4 minutos. Agrega el ajo y continúe revolviendo 2 minutos más hasta que esté fragante.
3. Agrega los tomates mientras continúas revolviendo. Luego, agrega los «fideos» de calabaza y mezcla hasta que todos los ingredientes formen una mezcla uniforme.
4. Añade los piñones y la albahaca y sigue mezclando. Sazona con pimienta, sal y los condimentos opcionales antes de servir.

## *Vegetales asados Masala*

Este plato de vegetales condimentados es saludable y extremadamente sabroso. Es una excelente variación baja en carbohidratos del plato tradicional indio, lo que lo hace perfecto para tu dieta nueva.

**Tiempo:** 30 minutos

Porciones: 4

Ingredientes para los vegetales:

- 1 ¾ tazas de flores de coliflor
- ¾ taza de judías verdes (rebanadas)
- ½ taza de champiñones (en cuartos)

Ingredientes para el masala:

- ¼ cucharadita de garam masala
- ¼ cucharadita de cúrcuma
- ½ cucharadita de chile (molido)
- 2 cucharadas de mantequilla derretida, ghee o aceite de oliva
- 2 cucharadas de jengibre (fresco, picado)
- ½ taza de puré de tomate

- pimienta negra (recién molida)
- sal kosher
- 1 diente de ajo (picado)

Ingredientes para la guarnición:

- cilantro (picado)
- cebolla verde (picada)
- Sriracha

Instrucciones:

1. Precalienta el horno a 400°F o 205° C y engrasa una bandeja.
2. En un recipiente, mezcla el puré de tomate, el jengibre, el ajo, otros ingredientes del masala y la mantequilla derretida. Agrega los vegetales y mezcla hasta cubrir todos los ingredientes de manera uniforme.
3. Pasa los vegetales a la sartén, luego sazona con pimienta y sal.
4. Coloca la bandeja en el horno y deja asar los vegetales 20 minutos. Decora antes de servir.

## *Champiñones glaseados con vinagre balsámico*

Esta es una guarnición sabrosa y saludable con la que puedes acompañar tus comidas principales. Si tienes una olla de cocción lenta, puedes preparar esta receta fácilmente y disfrutarla como quieras.

**Tiempo:** 2 horas, 15 minutos

Porciones: 4

Ingredientes:

- ¼ cucharadita de pimienta negra
- ½ cucharadita de sal marina
- 1 cucharada de tamari
- 2 cucharadas de vinagre balsámico
- 2 cucharadas de jarabe de arce
- ¼ taza de aceite de oliva
- 4 tazas de hongos (preferiblemente portobello bebés)
- 4 dientes de ajo (finamente cortado en cubos)

Instrucciones:

1. Prepara los hongos cortando cada una de las puntas. Luego utiliza un paño húmedo para limpiarlos.
2. Mezcla todos los ingredientes en la olla de cocción lenta y revuelve bien.
3. Coloca la olla a temperatura alta y cocina aproximadamente 2 horas. Si lo deseas, puedes cocinar los champiñones más tiempo. Sirve caliente o deja enfriar antes de servir.

## *Batido Verde*

Si estás buscando la receta perfecta para un batido keto-vegano, ¡no busques más! Este batido verde te mantendrá energizado porque está repleto de superalimentos que te mantendrán concentrado y saciado durante todo el día.

**Tiempo:** 5 minutos

Porciones: 1 batido

Ingredientes:

- ½ cucharadita de polvo de matcha
- 1 cucharadita de extracto de vainilla (puro)
- 2 cucharaditas de aceite MCT en polvo
- 1 cucharada de edulcorante keto-vegano
- ½ taza de leche de coco
- ⅔ taza de espinacas
- ⅔ taza de agua
- ½ aguacate mediano
- 5 cubitos de hielo

- ½ cucharadita de polvo de raíz de maca (opcional)
- ½ cucharadita de cúrcuma (opcional)
- ½ cucharada de semillas de chía (opcional)
- 1 cucharada de polvo de colágeno (opcional)
- ¼ taza de proteína en polvo (sabor vainilla, opcional)

Instrucciones:

1. Mezcla todos los ingredientes, incluyendo los ingredientes opcionales de su elección, en una licuadora.
2. Licua para integrar bien. ¡Vierte en un vaso y disfruta!

## *Buñuelos de coliflor y calabacín*

Estos buñuelos fáciles de hacer son crujientes, deliciosos y totalmente libres de carne. Puedes comerlos como un tentempié o como una comida ligera. De cualquier manera, seguro disfrutarás una combinación única de textura y sabor.

**Tiempo:** 10 minutos

Porciones: 8 buñuelos medianos

Ingredientes:

- ¼ cucharadita de pimienta negra
- ½ cucharadita de sal marina
- ¼ taza de harina adecuada para keto
- 3 tazas de coliflor (picada)
- 2 calabacines medianos

Instrucciones:

1. Usa un procesador de alimentos para rallar los calabacines.
2. Cocina la coliflor al vapor o en agua hirviendo hasta que esté tierna, unos 5

minutos. Añade la coliflor ablandada al procesador de alimentos para que se descomponga en trozos pequeños.

3. Coloca los vegetales rallados en una bolsa de leche de nuez o en un paño de cocina limpio y aplástalos con firmeza para eliminar la humedad.

4. Coloca los vegetales en un bol. Agrega el resto de los ingredientes y revuelve bien para integrar.

5. Da a la mezcla forma de buñuelos medianos y reserva.

6. Calienta el aceite de coco en una sartén y cocina los buñuelos de 2 a 3 minutos por lado. Sirve caliente.

## *Hongos Portobello rellenos de espinacas al curry*

Este es un plato «carnoso» sin carne, que te saciará y satisfará tus papilas gustativas. Por ser sustancioso y saludable, puedes comer este plato como comida principal. ¡Y lo mejor es que es muy fácil de preparar!

**Tiempo:** 45 minutos

Porciones: 4

Ingredientes para el relleno:

- ½ cucharadita de sal
- 2 cucharaditas de ralladura de limón
- 2 cucharaditas de pasta de curry amarillo
- 1 ½ tazas de leche de coco
- 2 tazas de espinacas (congeladas)

Ingredientes para los hongos:

- ¼ de taza de nueces (de tu elección)
- ¼ taza de aderezo de vinagre para ensalada y mezcla de aceite
- 4 tapas grandes de champiñones Portobello

Instrucciones:

1. Deja que las espinacas se descongelen antes de exprimirlas para secarlas.
2. Calienta una sartén a fuego medio y añade la pasta de curry amarilla junto con un par de cucharadas de leche de coco. Revuelve mientras cocinas hasta que esté fragante.
3. Añade el resto de la leche de coco, la ralladura de limón y las espinacas. Sazona con sal. Revuelve bien para integrar y continúa cocinando hasta que la mezcla tenga una consistencia cremosa y espesa. Deja a un lado para que enfríe.
4. Prepara los champiñones Portobello quitando los tallos y raspando con una cuchara todas las branquias.
5. Frota la mezcla de aderezo para ensaladas sobre la superficie de las tapas de los champiñones y luego colócalas en una sartén con el lado del tallo hacia arriba.

6. Coloca dos cucharaditas de la mezcla de aderezo para ensaladas en cada una de las tapas de los champiñones y cúbrelos bien. Sazona con pimienta y sal, luego cúbrelas y déjalas marinar durante una hora.
7. Calienta la parrilla a fuego alto y coloca las tapas de los hongos con el tallo hacia abajo. Asa durante 5 minutos, voltea y asa otros 5 minutos.
8. Pon la mezcla de curry de espinacas en cada una de las tapas de los champiñones, colócalas en el horno y cocínalas de 3 a 5 minutos.
9. Espolvorea nueces picadas sobre los champiñones antes de servir.

## *Chili keto-vegano*

Nada puede saciarte tanto como un buen tazón de chile. Con esta versión keto-vegana, podrás disfrutar de una comida alta en proteínas y baja en carbohidratos sin sentirte culpable.

**Tiempo:** 40 minutos

Porciones: 6

Ingredientes para el chile:

- 1 ½ cucharadita de canela (molida)
- 1 ½ cucharadita de pimentón (ahumado)
- 2 cucharaditas de chile en polvo
- 4 cucharaditas de comino (molido)
- 1 cucharada de cacao en polvo (sin azúcar)
- 1 ½ cucharada de pasta de tomate
- 2 cucharadas de aceite de oliva
- ½ taza de leche de coco
- 1 taza de hongos cremini
- 1 taza de nueces (crudas, picadas)

- 1 ¾ tazas de tomates (finamente troceados)
- 2 ½ tazas de sustituto de carne de soya (desmenuzada)
- 3 tazas de agua
- pimienta negra (recién molida)
- sal kosher
- 2 pimientos (finamente troceados)
- 2 dientes de ajo (picados)
- 2 calabacines (finamente cortados en cubitos)
- 5 tallos de apio (finamente troceados)

Ingredientes para servir:

- 2 cucharadas de hojas de cilantro (frescas)
- 2 cucharadas de rábanos (en rodajas)
- 1 aguacate mediano (en rodajas)

Instrucciones:

1. Calienta el aceite en una olla a fuego medio. Añade el apio cortado en dados y cocina unos 4 minutos.

2. Agrega la canela, el comino, el ajo, el pimentón y el chile en polvo y revuelve durante 2 minutos hasta que estén fragantes.
3. Agrega los champiñones, los pimientos y el calabacín y continúe cocinando 5 minutos más.
4. Reduce el fuego y añade los tomates, la pasta de tomate, la leche de coco, el sustituto de carne de soja, el chipotle, el cacao en polvo y las nueces. Cocina a fuego lento de 20 a 25 minutos, hasta que los vegetales se ablanden y la mezcla espese.
5. Sazona con pimienta y sal a gusto.
6. Coloca el chile en tazones, cubre con los ingredientes y sirve mientras esté caliente.

## *Bibimbap keto-vegano*

Los platos asiáticos son siempre muy populares, y por una buena razón. Si te apetece el bibimbap, el famoso plato coreano, entonces por qué no preparar esta versión keto-vegana. Es igual de sabroso, es saludable y no te impedirá alcanzar tus objetivos dietarios.

**Tiempo:** 25 minutos

Porciones: 2

Ingredientes:

- 1 cucharadita de aceite de sésamo
- 1 cucharada de salsa de soja
- 2 cucharadas de pasta de chile gochujang
- 2 cucharadas de vinagre de arroz
- 2 cucharadas de semillas de sésamo
- ¾ taza de tempeh (en cubos)
- 1 ¼ de taza de coliflor (cruda, molida como arroz)
- ½ pepino (cortado en tiras)
- edulcorante keto (líquido concentrado)

- 1 zanahoria (rallada)
- 1 pimiento pequeño (cortado en tiras)
- 5 flores de brócoli (finamente picadas)

Instrucciones:

1. Mezcla el vinagre y la salsa de soja en un bol. Sumerge en el tempeh picado en cubos y reserva para marinar.
2. Calienta el aceite en una sartén a fuego medio y fríe el tempeh marinado. Después de la cocción, pasa el tempeh a un recipiente.
3. Vuelve a poner la sartén al fuego y añade el brócoli, las zanahorias y los pimientos. Cubre la sartén con una tapa y deja que los vegetales se cocinen dos minutos.
4. En otra sartén, sofríe la coliflor hasta que esté tierna. Después de cocinarla, retira la sartén del fuego.
5. En un tazón, pon el vinagre, el aceite, el edulcorante y la salsa de soya, luego mezcla bien.
6. Coloca la coliflor frita en los platos y

completa con el tempeh, los vegetales cocidos y el pepino crudo.

7. Rocía con salsa y espolvorea con semillas de sésamo antes de servir.

## *Revuelto de tofu*

Esta es una receta alta en proteínas que puedes preparar en media hora. Es el desayuno perfecto para comenzar el día y está cargado de ingredientes sabrosos. A tu familia le gustará tanto como a ti.

**Tiempo:** 30 minutos

Porciones: 4

Ingredientes para el revuelto de tofu:

- 3 cucharadas de caldo de verduras (bajo en sodio)
- ¾ taza de champiñones (rebanados)
- 3 tazas de hojas verdes (de tu elección, picadas)
- ½ cebolla mediana (cortada en cubos)
- 1 pimiento grande (cortado en cubos)
- 1 bloque de tofu orgánico (extra firme, prensado luego escurrido)

Ingredientes para la salsa de curry:

- ¼ cucharadita de cilantro
- ¼ cucharadita de garam masala
- ¼ cucharadita de sal negra o rosa del Himalaya
- ¼ cucharadita de cúrcuma
- ¼ cucharadita de paprika
- ½ cucharadita de comino
- ½ cucharadita de ajo en polvo
- ½ cucharadita de curry en polvo
- 1 cucharada de agua

Instrucciones:

1. Primero, prensa el tofu para drenar todo su contenido de agua. Hazlo usando una prensa de tofu para que el proceso sea más rápido y eficiente.
2. Después de prensar, corta el tofu en trozos de diferentes tamaños.
3. En un tazón, pon todos los ingredientes de la salsa y mezcla bien. Agrega la salsa al tofu y deja a un lado para que marine.

4. En una sartén, añade el caldo y sofríe las cebollas durante 5 minutos. Agrega los champiñones, los pimientos y los champiñones y continúa cocinando durante 5 minutos más.

5. Añade el tofu marinado y continúa salteando 3 minutos más.

6. Agrega las hojas verdes picadas y tapa la sartén. Cocina durante 5 minutos hasta que las hojas verdes se marchiten. Sirve caliente.

## *Tofu y tacos de coliflor asada*

Estos tacos suculentos están cargados con ingredientes sabrosos y son súper fáciles de preparar. Un mordisco y te harás adicto. Estos tacos son bajos en carbohidratos, satisfacen, y te harán sentir ligero pero satisfecho.

**Tiempo:** 40 minutos

Porciones: 8 tacos

Ingredientes para los vegetales:

- 1 cucharadita de chile en polvo
- 1 cucharadita de comino
- 1 cucharadita de ajo en polvo
- 1 cucharadita de cebolla en polvo
- 1 cucharadita de pimentón (ahumado)
- 2 tazas de hongos cremini
- pimienta negra (recién molida)
- sal kosher
- aceite de oliva
- 1 coliflor mediana (quitar las flores)
- 2 pimientos medianos (en rodajas)

Ingredientes para el tofu desmenuzado:

- ⅛ cucharadita de pimienta negra
- ¼ cucharadita de sal marina o sal rosa del Himalaya
- 1 cucharadita de comino
- 1 cucharadita de pimentón (ahumado)
- 1 cucharada de chile en polvo
- 1 cucharada de aceite de oliva
- 1 cucharada de pasta de tomate
- 1 cucharada de salsa Worcestershire (vegana)
- 1 bloque de tofu orgánico (extra firme, prensado luego escurrido)
- 1 cebolla roja mediana (cortada en cubos)
- 3 dientes de ajo (picados)

Ingredientes para wraps y coberturas:

- 1 aguacate (en rodajas)
- salsa picante
- hojas de lechuga o tortillas bajas en carbohidratos
- hojas verdes mixtas (rúcula, lechuga, col rizada)

Instrucciones:

1. Primero, prensa el tofu para drenar todo su contenido de agua. Hazlo usando una prensa de tofu para que el proceso sea más rápido y eficiente. Después de presionar, desmenuza el tofu.
2. Precalienta tu horno a 400°F o 205° C y engrasa una bandeja.
3. Coloca una capa de vegetales en la bandeja. Rocía aceite de oliva sobre los vegetales.
4. Agrega todas las especias a los vegetales y mezcla ligeramente hasta que queden cubiertos de manera uniforme.
5. Coloca la bandeja para hornear en el horno y hornea los vegetales durante 30 minutos.
6. Calienta una sartén a fuego medio y saltea la cebolla en aceite de oliva durante 10 minutos.
7. Añade la salsa Worcestershire, la pasta de tomate y el ajo y continúa cocinando 2 minutos más.

8. Agrega el tofu desmenuzado a la sartén junto con el pimentón, el chile en polvo, el comino, la pimienta y la sal. Mezcla todos los ingredientes para integrarlos bien.
9. Reduce el fuego y continúa cocinando 10 minutos más mientras revuelves de vez en cuando.
10. Saca la bandeja del horno, la sartén del fuego y comienza a preparar tus tacos. Cúbrelos con hojas verdes mixtas, aguacate y salsa picante.

## *Arroz de coliflor a la mexicana*

Puedes disfrutar de este "arroz" picante como guarnición o como ingrediente de un burrito. Esta es una receta keto-vegana que incorpora sabores mexicanos auténticos.

**Tiempo:** 15 minutos

Porciones: 8

Ingredientes:

- 1 cucharada de aceite de oliva
- 2 cucharadas de pimiento serrano (finamente picado)
- 2 cucharadas de pasta de tomate
- ½ taza de cebolla (picada)
- 8 tazas de coliflor (cortado grueso)
- pimienta negra (recién molida)
- cilantro (picado)
- sal kosher
- limas
- 2 dientes de ajo (picados)

Instrucciones:

1. Utiliza un procesador de alimentos para cortar la coliflor.
2. Calienta el aceite de oliva en una sartén a fuego medio. Añade la cebolla y cocina hasta que esté translúcida.
3. Añade el pimiento serrano y el ajo y cocina un minuto más.
4. Agrega la coliflor, la pimienta, la sal y la pasta de tomate. Continúa cocinando hasta que estén tiernos.
5. Sirve caliente con limas y cilantro.

# Conclusión: Empieza tu recorrido keto-vegano

Con este libro empezamos la dieta cetogénica. Si es la primera vez que tienes contacto con esta dieta, ya sabes qué es, cómo funciona, los diferentes tipos de dietas keto que puede seguir y sus beneficios. Esta información te ayuda a determinar la mejor forma de comenzar con la dieta keto. Si ya has comenzado esta dieta, y la has seguido duraun tiempo, esta información puede servirte para refrescar algunas cosas. En este capítulo, habrás podido revisar todo lo que sabes sobre la dieta keto, ¡y es posible que también hayas aprendido algo nuevo!

El segundo capítulo trata sobre la otra mitad de la dieta keto-vegana. La mayoría de los veganos considera el veganismo un estilo de vida en lugar de sólo una dieta. Esto es especialmente cierto para aquellos que han elegido ser veganos por razones éticas. Sin importar cuál sea tu razón para volverte vegano, este capítulo te ayudó a entender el veganismo en detalle. Desde en qué consiste esta dieta, qué significa ser vegano, los beneficios de ser vegano hasta cómo puedes superar los desafíos comunes del veganismo, este capítulo incluye mucha información para guiarte y ayudarte a decidir cómo convertirte en un verdadero vegano.

En el capítulo tres juntamos estas dietas modernas en una combinación ganadora. En este capítulo aprendiste todo acerca de la dieta keto-vegana: discutimos por qué ambas dietas funcionan tan bien juntas, los beneficios que puedes disfrutar a partir de esta combinación de dietas y algunos consejos y estrategias útiles para que comiences y sigas esta dieta. Como has aprendido, la dieta keto-vegana puede ayudarte a alcanzar tus metas de salud y de pérdida de peso de manera divertida, desafiante e interesante. El uso de la información de este capítulo te ayudará a asegurar el éxito mientras emprendes este recorrido nuevo.

Hablando de asegurarte el éxito, el capítulo cuatro también contiene una gran cantidad de información. Cuenta con una lista completa de los alimentos recomendados en la dieta keto-vegana. Al principio, tal vez quieras hacer una copia de esta lista para guardarla en tu cocina. Te servirá como referencia para cuando estés planificando tus comidas o cuando necesites hacer tu lista de compras semanal. Luego continuamos con diez recetas saludables, fáciles y sabrosas que te harán celebrar el haber elegido convertirte en un keto-vegano.

Como puedes ver, este libro te proporciona toda la información que necesitas sobre la dieta keto-vegana, tal y como habíamos prometido. Con esta información, ya no tienes que preocuparte porque tu salud sea un problema. Puedes comenzar tu recorrido keto-vegano y luego usar todo lo que has aprendido aquí para que sea más fácil seguir este estilo de vida beneficioso. Si hay algo que deberías haber aprendido con este libro es saber que la dieta keto-vegana es fácil de seguir siempre y cuando sepas qué es, qué puedes comer y cómo seguirla. Dicho esto... ¡buena suerte en este recorrido!

www.ingramcontent.com/pod-product-compliance
Lightning Source LLC
LaVergne TN
LVHW042245070526
838201LV00089B/37